¿Rumbo a la tiranía mundial?

Adolfo García Méndez

¿Rumbo a la tiranía mundial?
© 2011 por Lemar Publishers

ISBN-10: 1439274150
EAN-13: 9781439274156

Lemar Publishers
110 E Savannah, C-201
McAllen, TX 78503
1-800-483-3223
956-631-7715
Fax: 956-687-4878
www.lemarpublishers.com

www.Createspace.com

Revisión técnica: Leonardo J. García
Portada: Patricia García Portillo
Tipografía/Formación: Leonardo J. García
Editor: Lemar Publishers

Impreso en Estados Unidos de América
Printed in United States of America

PROLOGO

Con una capacidad de observación y análisis pocas veces vista en una misma persona, con un deseo de información sobre el por qué de las cosas, Adolfo comenzó hace mas de 35 años a escribir artículos periodísticos en diarios locales y de circulación nacional venezolanos sobre sus reflexiones de lo que pasaba en el país y fuera de él.

En este libro ¿RUMBO A LA TIRANÍA MUNDIAL? nos señala los peligros inminentes que nos acechan. Las diferencias entre un buen y un mal Gobierno, entre la Izquierda y la Derecha y como mejorar política y económicamente cualquier país del mundo, y así tratar de lograr un mundo mejor.

Adolfo mantiene un sentido común fabuloso, y un estilo muy claro pocas veces visto en un autor latinoamericano. Pienso que será difícil no estar de acuerdo con sus reflexiones, por lo sencillo de sus ejemplos y de sus análisis, fruto de sus observaciones políticas y económicas a través de su fructífera vida. Veremos en este libro un enfoque muy lógico de la correlación de la política y de los aspectos económicos que nos afectan en nuestro hacer diario. Estoy seguro que sabremos valorar las verdades de este libro, el cual llena un gran vacío en el mundo literario que trata sobre Política y Economía. Realmente considero a esta obra una Biblia político-económica al alcance de todos. Gracias por este libro, hermano.

Dr. Leonardo García Méndez
Neurólogo Pediatra
Doctor en Ciencias Médicas
Profesor Retirado de La Universidad del Zulia,
University of Missouri-Columbia, y
The University of Texas Health Science Center at San Antonio

AGRADECIMIENTO

A mi hermano: Dr. Leonardo García Méndez, por su prólogo, y sobre todo porque sin él no habría sido posible la publicación de este libro.

Adolfo García Méndez.

PREÁMBULO

¿Es posible la igualdad material entre la gente?

¿Qué tan lejos está la humanidad de ser completamente sometida?

¿Desaparecieron los comunistas y el peligro de un sometimiento global?

¿Quiénes son los culpables de los grandes males que vivimos?

¿Son los medios de producción y de servicio privados un obstáculo para hacer al mundo mejor?

¿Por qué el gran poder de los medios de información y opinión y en manos de quién están?

¿Cuáles son las causas de la crisis económica actual?

¿Por qué suben los precios del petróleo tan escandalosamente?

¿Quiénes son los gobernantes impropios?

¿Es beneficioso el pluralismo que hoy conocemos?

¿Por qué aún hay países pobres?

¿Dónde está actualmente la verdadera explotación del hombre por el hombre?

¿Están dispensados los marxistas para causar daño a los demás?

¿Son beneficiosos los aumentos de salarios por decreto y las regulaciones de precios?

A todas éstas y a muchas otras interrogantes respondemos en este libro.

Y lo más importante, nos daremos cuenta que debemos actuar con prontitud, o *la nuestra podría ser la última generación que viva en un país libre e independiente.*

Y para una mejor comprensión de todo lo aquí expresado, recomendamos su lectura en el orden que está.

PRIMERA PARTE

Motivaciones.

Protagonistas.

Las circunstancias que

nos impulsaron a escribir

este libro.

UN POCO DE HISTORIA

Nuestra inquietud comienza por los años sesenta, luego de vivir la dictadura de Pérez Giménez en Venezuela, y de observar los cambios políticos y económicos que vinieron después con la llegada de los políticos populistas y enemigos de la libre empresa que estaban exilados o en la clandestinidad.

En aquel tiempo la inflación no se conocía, pues el gobierno en cuestiones de precios y salarios no se entrometía. Pero con la llegada de la "democracia" y de los enemigos de la propiedad privada, comenzaron a cambiar para mal algunas cosas. Ver estas irregularidades toleradas o apoyadas por gobernantes y partidos políticos, causó en nosotros mucha turbación. ¿Por qué invadían tierras ocupadas y en producción? ¿Por qué no respetaban lo ajeno? ¿Por qué afectaban la economía del país? Además, no existía demanda de tierra para trabajarla y producir. Eran los mismos activistas políticos quienes organizaban las invasiones, y para ello reclutaban todo tipo de gente, incluso oportunistas, a los cuales llevaban a invadir tierras ya ocupadas y sembradas. Y entre más ganado y leche producían, más les tildaban -los medios de información- de *latifundistas o terratenientes*, palabras desconocidas en aquel tiempo para nosotros.

Casi al mismo tiempo, la asociación de productores que ya existía para aquel entonces, comenzó a activarse con uno que otro político ajeno a la ganadería, así como con hijos de ganaderos recién salidos de la Universidad, pero con la cabeza llena de "enseñanzas" marxistas y antiimperialistas. Entre otras cosas les inculcaban que los países subdesarrollados eran explotados por las transnacionales. Esto contribuyó al surgimiento de conflictos entre productores e industriales, los cuales consistían en no entregar leche a la industria hasta tanto aumentaran los precios. Estos conflictos a nuestro modo de ver no tenían razón de ser. Era como si los productores de tomates dejaran de venderlos a los fabricantes de salsa, o como si los productores de frutas dejaran de venderle a las procesadoras y envasadoras de jugos buscando mejores precios, cuando realmente estas industrias en todas partes del mundo son las que garantizan un mayor y mejor mercado para los excedentes. Los

3

ganaderos entraban en conflicto precisamente con quienes hacía poco tiempo les habían solucionado un gran problema como era la falta de mercado para los excedentes de leche de aquel tiempo. Además, independientemente de que pudieran pagar un mejor precio, se salía de lo normal en una economía de libre mercado: que una asociación de productores, -en este caso de leche- intentara obligar a la industria a pagar más de lo que podían o querían. Además, estas huelgas estaban condenadas al fracaso, los productores sabían que sólo podrían resistir algunos días sin vender la leche. Pero el gobierno se *inmiscuyó,* quizás era lo que esperaban los organizadores del conflicto, y así comenzó el gobierno a entrometerse en cuestiones de precios y salarios, y también comenzó el pueblo a padecer, pues cada vez que el gobierno presionaba a la industria, regulaba los precios de los productos, o decretaba nuevos aumentos de salarios, los precios subían como por arte de magia. Estas cosas nos angustiaban, y por ello torpemente comenzamos a escribir.

¿MENTALMENTE LIBRE?

¿Por qué esta interrogante? Porque es muy fácil encontrar personas que creen estar posesionadas de la verdad, y *tienden a rechazar todo lo que disienta* con lo aceptado por ellas con anterioridad. Sobre todo, tratándose de temas en *política y economía*. Ciencias que desafortunadamente *no son exactas* como la física y las matemáticas y con las cuales *se ha especulado mucho con <u>teorías</u>*. Y cerrarle las puertas a nuestro entendimiento, es igual a convertir nuestro cerebro en una masa inalterable, sin capacidad para disentir al igual que un disco programado de una computadora. Por lo cual difícilmente podríamos enterarnos de los razonamientos de los demás, ni mantenernos actualizados con los nuevos conocimientos o experiencias que surgen todos los días, sobre todo en ramas tan importantes para el bienestar de todos como son *las ciencias políticas y económicas*.

Somos mentalmente libres, cuando accedemos o nos permiten, dar cabida en nuestro cerebro a toda nueva idea o pensamiento, *sin dejarnos influenciar por la mucha o poca relevancia de quien lo expresa, ni por opiniones de supuestos "analistas"*. Cuando esto hacemos, automáticamente nuestro cerebro acoge lo más inteligente, lo más lógico: $2 + 2 = 4$; y rechaza lo ilógico, lo equivocado: $2 + 2 = 5$; es lo que muy bien podríamos llamar *nuestro razonamiento*. Porque toda persona en cualquier tema específico podría estar en posesión de la verdad, pero también podría estar equivocada. Lo importante es *no cerrar las puertas* a nuestro entendimiento, porque nuestro cerebro necesita alimento para crecer en conocimientos y sabiduría, necesita ideas para compararlas con las existentes, para entonces sacar *nuestras propias conclusiones*.

Nuestro cerebro necesita ver y oír para juzgar, es nuestro Juez, es *él* con su extraordinaria capacidad de análisis, luego de adecuada y prudente reflexión, quien puede hacernos ver *la diferencia entre lo cierto y lo falso,* o entre lo que podríamos considerar como *bueno o como malo*.

Lamentablemente en algunos países con regímenes dictatoriales, el común de la gente sólo tiene acceso a lecturas autorizadas, y en otros, supuestamente demócratas, los enemigos de la libre empresa, *solapadamente* dirigen los principales medios de información y opinión, así como editoras, distribuidoras de libros y librerías, o sea que la mayoría de las personas (muchas sin saberlo) sólo pueden ver, leer o escuchar lo que les permiten. Y cuando al hombre le impiden leer o escuchar lo que desagrada a quienes quieren monopolizar la información y la opinión, y le niegan el derecho a expresar públicamente sus ideas o reflexiones, lo están colocando forzadamente en un fuerte torrente para que sea arrastrado por esa **_única opinión:_** *la de quienes se creen con derecho a obligar a los demás a pensar y a vivir como ellos quieren.* Y esto es sencillamente esclavitud de la peor que pueda existir, pues, al dominar la mente, también someten el cuerpo y hacen con la persona todo lo que desean. ¿Y en qué nos convertirían, incluyendo a su misma gente, cuando sólo podamos leer, ver, escuchar, o expresar lo que nos permitan? *¿A cuántos escritores y pensadores les negarían el derecho a existir? ¿Acaso no les matarían antes de nacer? ¿Cuántas ideas y libros importantes que jamás llegaríamos a conocer?*

DOS SISTEMAS: DESCOMUNAL DIFERENCIA

Desde la revolución bolchevique, cuando los marxistas tomaron por la fuerza el poder en Rusia, el mundo ha estado experimentando por separado con *dos sistemas* de gobierno *muy distintos:* El antes señalado impuesto en Rusia y en varios otros países: Gente de Izquierda. Y el sistema de mercado y libre empresa que prevalece en Estados Unidos y también en otros países: Gente de Derecha.

Ahora bien, si ignoramos el sometimiento y demás violaciones de los derechos humanos de los regímenes marxistas, más que suficiente para apartarse de ellos, ¿cuál es entonces la gran diferencia en lo económico entre estos dos sistemas de gobierno? *¿Acaso no es **la posesión de los medios de producción y de servicio?*** Que mientras con el primero están todos en manos del partido, con los segundos están repartidos entre millones de propietarios. ¿Y cuál era, supuestamente, el propósito fundamental de los marxistas? ¿Acaso no era -supuestamente- el bienestar de la clase obrera y de todo el mundo? Y ahora, después de cien años de gobernar en Rusia y en otros países, *¿en cuáles países y con cuál sistema están mejor los trabajadores? ¿Y en cuales países y con cual sistema son más libres los ciudadanos? ¿Acaso no es en los países desarrollados donde siempre se ha respetado la libre empresa? ¿Acaso no es con el sistema de libre empresa?* Y algo muy *importante: No obstante* los *graves e incalculables daños materiales y humanos que intencionalmente le hacen a estos países los enemigos de la propiedad privada.* Y esto de progresar no obstante los daños que les hacen, *es súper meritorio* para el sistema de mercado y libre empresa. Es lamentable que los medios de información y opinión nunca señalaran estos hechos, que nunca le dieran la importancia que realmente merecen.

¿Y qué países prosperaron con los medios de producción y de servicio en manos del partido y sin la ayuda de los capitalistas? ¿Y dónde están más sometidos los ciudadanos?

7

Y si los marxistas lo que desean es el bienestar de todo el mundo, y en especial de la clase obrera, *¿por qué entonces no están del lado de quienes hacen la prosperidad y el bienestar? ¿Por qué entonces no están con quienes realmente respetan sus derechos y les permiten disfrutar de libertad y de bienestar? ¿Por qué entonces no están con quienes demostraron ser capaces de llevar prosperidad y bienestar a todos, especialmente a los trabajadores, y para mayor mérito en completa libertad? ¿Por qué entonces no están con los partidarios de la libre empresa, o gente de derecha que quiere colaborar con su país?*

Otra gran diferencia entre estos dos sistemas de gobierno, es que en el de libre empresa todo individuo puede llegar a ser importante por más mediocre que sea. *Porque hay tantas cualidades en la gente, que sólo cada quien en su individualidad es capaz de desarrollar.* ¿Cuántas personas hacen fortuna en un sistema de libre empresa sin ser muy inteligentes? ¿Podría llegar a ser importante una persona con bajo nivel de inteligencia en un sistema bajo el control total del partido? A menos que sea en alguna disciplina deportiva, y tampoco llegan a tener los privilegios que tienen los deportistas en un sistema de libre empresa.

Y es que, hasta las personas más insignificantes del mundo pueden llegar a ser importantes en un país libre. Hasta pueden llegar a ser importantes si tienen la buena suerte de sacarse la lotería, algo vedado en un régimen de izquierda, pues, ¿qué podrían comprar con el premio gordo si no existe propiedad privada? ¿Acaso podrían comprar algún negocio para tener a quien mandar en vez de tener que obedecer?

LOS ADVERSARIOS DE LA LIBRE EMPRESA

Sin duda lo que más se le reprocha a los enemigos de la libre empresa, son *sus destructivas y **criminales prácticas de justificar todos los medios para conseguir sus fines,* con las cuales tanto daño aún hacen.** Estas prácticas probablemente sean también las responsables del rechazo a los comunistas en todo el mundo; por convertir a esta ideología en sinónimo de todos los males, y de que *sólo les crean* aquellos que ignoran sus procedimientos o mientras ocultan sus creencias. Quizás también por ellas es que los países que integraban la Unión Soviética decidieron dejar de llamarse *comunistas* para entonces autodenominarse *socialistas*.

¿Pero cómo pudo alguien proponer, y los demás aceptar, introducir como actividad normal de los marxistas el poder usar y justificar todos los medios -donde se incluyen todos los males- para conseguir sus fines? Por estas abominables prácticas es quizás que la gran mayoría de los enemigos de la libre empresa no se identifican. *Y al no identificarse, hacen más daño porque engañan fácilmente a los demás*: Como aquellos que se lanzan de candidatos a puestos públicos de importancia; o los que dirigen o escriben en los medios de información y opinión; o quienes hacen las multimillonarias estafas o desfalcos que muchos podrían pensar que son de derecha; o *los libretistas y novelistas* cuyo trabajo es *inculcar* en la mente de quienes leen sus novelas o ven sus películas o reportajes, que la sociedad capitalista es una jungla llena de malvados, corruptos y degenerados capaces de todo por dinero. Y como ahora son más las productoras de este tipo de películas y reportajes, (compradas o fundadas por testaferros de izquierda) son más los daños que hacen.

Los enemigos de la propiedad privada también son expertos en manipulación, y por conveniencia son capaces de querer hacernos ver lo verde como negro, o lo rojo como blanco, y por eso se autodenominan según el caso. Por ejemplo: al dividir a Alemania, luego de la Segunda Guerra

9

Mundial, la parte que se anexaron los marxistas la denominaron: República *"Democrática"* Alemana, cuando todos bien sabíamos que *de democracia sólo tenía el nombre.* También a las guerrillas marxistas les asignan nombres que expresen *liberación,* aunque conduzcan a *todo lo contrario.* Lamentablemente algunos medios de información y opinión son fieles a estas falsas denominaciones.

Ahora observamos como a algunos países donde siempre se ha respetado la empresa privada, también los llaman *socialistas.* Entonces tendríamos dos clases de *socialistas*: Los *que están a favor,* y los *que están en contra de* la libre empresa. Para evitar pues, malos entendidos, evitaremos usar los términos *socialista y socialismo.*

Pero entonces, ¿cómo llamar a quienes quieren que los medios de producción y de servicio estén todos en manos de un partido o de un gobierno? En primer lugar debemos aclarar que mucha gente ha llegado a creer, quizás por la misma manipulación y propaganda marxista, que las personas que desean lo mejor para los pobres son las de *izquierda,* y las partidarias de la empresa privada, o de derecha, son las malvadas que no tienen escrúpulos, y es por esto que se consideran de izquierda, *pero no son enemigas de la libre empresa. ¿Pero quién diablos ha sentenciado que por el hecho de que la gente sea de izquierda o de derecha las va a hacer mejores o peores personas que las demás?*

Sin embargo, no podemos ignorar que tanto los **comunistas,** como los autodenominados **socialistas** que integraban la Unión Soviética, *eran o son **enemigos de la libre empresa** y son de **izquierda,** y que: todos los enemigos de la libre empresa son de izquierda.* Y que de éstos, debido precisamente a esas detestables prácticas de justificar todos los medios para conseguir sus fines, *nunca podemos saber cuáles mienten y cuáles dicen la verdad; ni cuándo mienten y cuándo dicen la verdad, y por eso es muy difícil saber cuáles izquierdistas son enemigos de la propiedad privada, y cuáles no lo son.* Y aunque, *por sus hechos los podríamos reconocer,* debemos hacer uso de toda nuestra intuición para poderlos identificar, antes de que puedan causar daños.

Por lo mismo aclaramos, que: *cuando mencionamos a la izquierda o a los izquierdistas en estas páginas, nos estamos refiriendo <u>exclusivamente a los enemigos de la propiedad privada</u>.* Igualmente: *cuando mencionamos a la gente de derecha nos estamos refiriendo a los partidarios de la propiedad privada y de la libre empresa.*

Otra treta muy usada por los políticos de izquierda para conseguir votos, es proponer nuevos beneficios sociales, pero siempre: *con el dinero y los bienes de los demás. Generalmente con <u>más impuestos</u>. Y esto carece de virtud. No hay mérito en dar o en compartir lo ajeno.*

Paradójicamente, los izquierdistas prefieren vivir en países capitalistas porque disfrutan de *libertades* que sólo este sistema puede ofrecer, aunque algunos no las aprecien por tenerlas toda la vida, y porque hasta puedan ignorar que trabajan para hacerlas desaparecer.

Sólo por la nefasta práctica de justificar todos los medios para conseguir el fin, y *nunca saber cuándo mienten o cuándo dicen la verdad*, ya es suficiente motivo para no confiar en ellos. El problema es poderlos identificar.

EL MUNDO CAMBIA CONTINUAMENTE

Todos nos damos cuenta de cómo cambia el mundo continuamente. De cómo surgen nuevos inventos y se multiplican los conocimientos. Tantos, que a veces nos cuesta asimilarlos y acostumbrarnos a ellos. También a la gran mayoría de las personas se les hizo difícil comprender que la tierra era redonda cuando todas las teorías que existían para la época indicaban que era plana. No fue fácil para la gente de aquel tiempo imaginarse que estaban flotando en el espacio. Preferimos creer las cosas sencillas, y no gustamos de las complicadas y difíciles de entender. Si creemos hoy en la Teoría de la Relatividad no es porque la entendamos, sino porque nos dicen que es cierta. A fin de cuentas, nos da lo mismo que sea cierta o falsa. Pero suponiendo que esta teoría fuera muy importante para todos, y que las opiniones de los científicos estuvieran divididas, que algunos trataran de explicarnos que el tiempo es relativo, y otros nos dijeran que es exacto. Probablemente la gran mayoría se inclinaría a estar de acuerdo con los últimos, con los que aseveren que el tiempo es exacto, pues lo miden todos los días.

Para el común de los mortales, es más fácil creer en los poderes de un Estado con buenas intenciones que desea repartir a todos por igual, que creer en los poderes de la libre empresa. Además, los marxistas describían sus teorías como "científicas", y quizás por eso muchos creyeron en ellas. *Hoy sabemos cuán equivocadas estaban.* Por ejemplo: en lo referente a la plusvalía, ya sabemos que la cantidad de trabajo contenida en una mercancía es desigual en todas partes, dependiendo de quien dirija la empresa y la forma de producir. Y que puede haberla o no, dependiendo de la eficiencia y el modo de producción.

Es que: *El mundo cambia continuamente:* Hay remedios que se usaron hace tiempo para curar enfermedades, y actualmente no los usamos por lo nocivos o poco efectivo que eran. Pero supongamos que los médicos del siglo pasado en vez de prescribir los nuevos medicamentos y poner en práctica los nuevos descubrimientos, se hubiesen aferrado a los viejos tratamientos por costumbre o terquedad, ¿acaso habría avanzado la medicina? Sin duda estaría estancada, millones de personas habrían muerto y continuarían muriendo de enfermedades que hoy, afortunadamente curamos o prevenimos con relativa facilidad.

En efecto, una cosa era lo que sabíamos ayer, y otra muy distinta lo que sabemos actualmente. Supongamos que *hoy* necesitemos los servicios de un ingeniero en computación, ¿buscaríamos acaso uno con los conocimientos de hace tres décadas? O supongamos que necesitamos consultar un especialista en alguna rama de la medicina, ¿consultaríamos acaso a uno con los conocimientos de hace cincuenta años? *¿Cómo podríamos solucionar nuestros problemas de manera exitosa con sujetos que no estén al día con los últimos adelantos que en su campo van ocurriendo?* Y esto cabe para todas las especialidades o profesiones, ya que, cualquiera sea el conocimiento, lo que hace algunos años creíamos que era lo mejor, hoy nos damos cuenta que ya no es lo más conveniente. *Por eso, lo normal, lo lógico es, que quién desee ejercer con éxito una profesión, cualquiera que ésta sea, debe estar al día con los nuevos descubrimientos y experiencias que en su campo van ocurriendo.*

Y si sabemos que médicos, ingenieros, mecánicos, agricultores y demás profesionales son indispensables para el mantenimiento de nuestra salud, el progreso y el bienestar de todos, *¿qué podríamos decir de aquellos que se dedican a las ciencias políticas y económicas de las cuales depende y está en juego el futuro de todos los ciudadanos?* ¿Acaso no padecemos todos, las desgracias y calamidades generadas por pésimos gobernantes e inadecuadas políticas económicas?

Y si sabemos que la Política y la Economía no son ciencias exactas como la Física y las Matemáticas; que se ha especulado mucho con teorías. Y si sabemos de la gran responsabilidad que entraña dirigir un país, y de lo grave y delicado que es la ignorancia y la improvisación en los gobernantes; que dependemos en gran medida de las experiencias de otros países; *y que se trata de actividades donde está en juego el bienestar y el futuro de todo el mundo, ¿cómo entonces, a estas alturas del siglo XXI en un*

13

país con sistema de libre empresa, aún puedan permitir que lleguen a desempeñar cargos públicos de importancia, personas mediocres, sin adecuada preparación, y sin estar al tanto de las más exitosas o desastrosas experiencias políticas y económicas del mundo? ¿Cómo es posible que aún no hayan leyes que **prohíban ocupar puestos públicos de importancia a personas, sin antes haber <u>demostrado</u> rectitud y lealtad hacia el sistema que van a representar o a presidir?**

Si para asegurar el éxito de cualquier misión en el espacio los astronautas deben aprobar cientos de pruebas. *¿No deberían con mayor razón, someterse a pruebas de inteligencia y <u>de todo tipo</u>, los candidatos a puestos públicos de importancia sabiendo que está en juego la vida misma y el bienestar de todos? ¿Acaso la prosperidad del país y el bienestar de la gente, no es lo más importante para todos?*

Y si sabemos que *todos* los habitantes de un país, cada uno en su puesto de trabajo, en la infinidad de ocupaciones que existen, desde las más humildes hasta las de más prestigio, dependen de la buena gestión de sus gobernantes, ¿cómo entonces un "demócrata" que realmente desee la prosperidad de su país y el bienestar de su gente, va a permitir que ocupen puestos públicos de importancia personas *sin antes demostrar que son aptas para desempeñar esos cargos? ¿Cuántos países hay hundidos en la miseria debido a pésimos gobernantes?* ¿Cómo entonces entender, que en pleno siglo XXI con tan avanzadas tecnologías, no hayan leyes precisas que dispongan <u>que todas las personas que pretendan ocupar cargos públicos importantes,</u> deban aprobar **exámenes** que comprueben salud mental, inteligencia, capacidad y experiencia para administrar y dirigir, honestidad y responsabilidad, y sobre todo demócratas y fervientes defensores de la propiedad privada y libre empresa? ¿Quién desea tener individuos mediocres en puestos públicos de importancia que en su cabeza internamente simpaticen con regímenes totalitarios fracasados, que incluyen entre sus prácticas la mentira, el robo, la calumnia, el chantaje, el terrorismo y todos los males habidos y por haber? ¿Cómo confiar y entregar un país a personas que al mismo tiempo están con Dios y con el diablo?

CREADORES DE POBREZA

Para saber si algo es nocivo o beneficioso, los científicos basan sus estudios en la ley de los promedios: Un diez por ciento de diferencia por debajo o por encima de lo normal ya es bastante demostrativo. Y si un diez por ciento ya es bastante, *¿qué podríamos decir de aquello **cuyo efecto**, en este caso **dañino y empobrecedor**, es del **cien por ciento**? Sin excepciones, **todos los países** con sistema de libre mercado y libre empresa, **adonde llegaron los enemigos de la propiedad** privada a gobernar o a formar parte del gobierno, de alguna manera **empobrecieron o se atrasaron**,* dependiendo del grado de radicalización y del tiempo de intervención. En cambio, *todos los países donde los medios de producción están en manos del partido, que se abren a los inversionistas privados, al libre mercado y a la libre empresa, **prosperan rápidamente**. Sobran los ejemplos.* Entonces, *¿por qué o para qué gobiernos o candidatos de izquierda, si todos nos empobrecen, si todos crean miseria, si todos llegan a destruir, a robar y a llevarse todo nuestro dinero? ¿Cuándo y dónde los enemigos de la propiedad privada pudieron progresar sin la ayuda de los ingenuos capitalistas? ¿O, cuándo y dónde pudieron gobernar sin someter?* Si a esto le sumamos los daños ocasionados a muchos países debido a los conflictos por ellos iniciados, causantes de pobreza, atraso, escasez de bienes y alimentos, desempleo, hambre y muchas necesidades; más los daños directos e intencionales de guerrilleros y terroristas. Podemos afirmar que *casi toda la pobreza que aún hay en el mundo es causada directa o indirectamente por los enemigos de la libre empresa. ¡Pobre gente de aquellos países donde tomaron el poder los enemigos de la propiedad privada! **¿Cómo estaría hoy el mundo sin estos creadores de pobreza y de conflictos?***

Aclaratoria: referirse en estos momentos al progreso de China, la cual sigue siendo una dictadura, *es referirse precisamente al progreso que genera la libre empresa y la propiedad privada en cualquier país donde las permitan. Sobre todo, cuando cuentan con el apoyo incondicional de todos los medios de información y opinión existentes en el país, y no tienen que sufrir los graves daños por los cuales deben pasar los países con sistema de libre empresa.* Este es el caso en China. Quizás también por ello progresan las dictaduras partidarias de la libre empresa: porque logran impedir gran parte de los daños intencionales que hacen los enemigos de la propiedad privada, no obstante carecer del apoyo de todos los medios de información y opinión del país, *como sí lo tienen todas las dictaduras marxistas.*

EL GRAN ENEMIGO

¿Cuál ha sido el gran pecado de los norteamericanos? ¿Por qué los marxistas se empeñan en causarle mal a los Estados Unidos? ¿Será porque fueron de los primeros en independizarse, en dejar de ser colonia, o porque desde entonces ininterrumpidamente han sabido vivir en democracia, y siguen siendo la primera y más grande del mundo? ¿O será porque fueron de los primeros en desarrollarse, no obstante y que los colonos llegaron a tierras norteamericanas más de cien años después que a los países latinos? ¿O acaso será porque acogen en su seno a millones de personas de todas las razas y credos que buscan una vida mejor, o huyen de las tiranías? ¿O será acaso porque nos compran de todo lo que producimos? *¿O porque en la segunda guerra mundial cientos de miles de norteamericanos dieron su vida luchando contra el fascismo, y no se plegaron a los alemanes como lo hicieron Italia, Japón y España?* Y la verdad es que estaban ante un gran dilema: o peleaban contra los nazis o contra los comunistas. O peleaban como aliados de Stalin o como aliados de Hitler. ¿Y qué habría ocurrido si Estados Unidos se hubiera plegado en contra de los comunistas? Y entonces, ¿por qué ese odio de muchos marxistas a los norteamericanos? ¿Será porque defienden su libertad, e incluso la nuestra y no se han dejado someter? ¿O será porque tratan de defenderse de terroristas criminales, que tantos daños les hacen y nos hacen a todos? ¿O será acaso porque a ellos les debemos la gran industria petrolera, y la infinidad de derivados del petróleo, e incluso el automóvil para gastar la gasolina? ¿O acaso será por ser tan tontos? ¡Imagínense que en vez de sacrificar hoy a su país hipotecándolo o vendiéndolo a pedazos para poder comprar petróleo a los exagerados precios que les venden, hubiesen comprado las tierras antes de instalar las costosas y complejas industrias petroleras! ¿Habrían entregado los rusos la industria petrolera si hubiera sido de ellos? ¿O será que les odiamos porque *nos enseñaron a tratar bien y a pagar bien a los empleados y trabajadores?* ¿O acaso será por falta de favores, "porque no fueron tan generosos como los rusos, los chinos o los árabes, a los cuales les debemos tantas cosas"? ¿O será acaso porque inventaron la televisión y las computadoras, y los celulares e Internet, y nos "obligan" a usarlos? ¿O será porque inventaron la iluminación y los aires acondicionados y miles de artefactos que hoy usamos; o por todos los adelantos y descubrimientos en medicina que nos salvan la vida a cada rato? ¿O será porque nos acostumbraron a los supermercados y a los expendios de comida rápida, y a las grandes tiendas por departamento? ¿O será porque inventaron el básquet y el béisbol, y nos los enseñaron a jugar, y nos entrenan los muchachos para llevarlos a las Grandes Ligas? ¿O será realmente por ingenuos que les odiamos, por ayudar con grandes inversiones y tecnología a sus enemigos los rusos, los chinos y a muchos otros?

¿Y por qué les llaman tan despectivamente "imperialistas"? ¿Será acaso porque "dañan" a los países adonde llegan a invertir? ¿O será porque al terminar la segunda guerra mundial, siendo los únicos que poseían el dominio de la Bomba Atómica, perfectamente hubieran podido conquistar el mundo, y sin embargo no lo hicieron? ¿O será porque habiendo podido eliminar al despiadado y antidemocrático régimen comunista, que desde entonces asesina a millones de personas y priva de la libertad a cientos de millones más, y que tanto daño aún hacen al mundo y a los propios americanos, y sin embargo no lo hicieron?¿O será porque luego de la Segunda Guerra Mundial, mientras los rusos se anexaban unos cuantos países de Europa para esclavizarlos en su sistema, los norteamericanos implementaban el plan Marshall y disponían de su generosidad y recursos de sus contribuyentes para ayudar a todos los países arrasados por la guerra incluyendo a sus rivales? ¿O será porque fundaron las Naciones Unidas con el fin de prevenir otras guerras mundiales, y ayudar económicamente a las naciones más necesitadas, y ser además económicamente sus principales contribuyentes? Y es que son tan "imperialistas" que ni siquiera aprovecharon su poder atómico para llevar la democracia a otros países, y en vez de ello al terminar la Segunda Guerra Mundial se regresaron tranquilos a sus hogares. ¿O será por su ingenuidad y buena fe, y permitir que muchos países cayeran en manos de férreas dictaduras comunistas, incluyendo a varios que ellos mismos convirtieron en grandes productores de petróleo? ¿O será porque al querer defender a otros países de las agresiones de guerrilleros o de gobiernos marxistas vecinos, cometen el grave error de sacrificar a su gente encarándolos directamente, *en vez de **enfrentar decididamente** a quienes los arman y los entrenan que son realmente los verdaderos agresores y enemigos?*

Estados Unidos de Norte América: "La gallina de los huevos de oro". País donde conviven libremente todas las razas y culturas del mundo. Refugio de todos los que huyen del despotismo y de las tiranías. Donde muchos quisieran vivir. Del cual todos quieren comer, y del que casi todo el mundo recibe beneficios. Y aún así, lo quieren desarmar y someter, para que a los hombres libres no nos quede escapatoria. De desagradecidos está lleno el infierno.

EL FALSO "PLURALISMO"

¿Deben ser "pluralistas" las democracias? ¿Es necesario el "pluralismo" para que puedan llamarse democracias? ¿Les es beneficioso? ¿Quiénes son realmente los que se benefician del *pluralismo que hoy conocemos*? Este es uno de los grandes problemas que tienen algunas democracias y del cual se derivan otros más.

Entendemos por pluralismo político, el derecho que reconocen algunas democracias a que existan "todas" las corrientes políticas, incluyendo aquellas que no son demócratas, como el comunismo, el fascismo, o cualquiera otra sin importar que su forma de gobernar siempre haya sido en forma de dictadura. Pero, ¿en qué parte del mundo existe una democracia con este tipo de pluralismo? En el pluralismo que hoy conocemos, *admiten a los comunistas*, pero a otros partidos no peores no los admiten.

El pluralismo que hoy conocemos es la propia *"ley del embudo"*. O sea, lo que sirve para aplicárselo a los contrarios, a los ingenuos, a los tontos, o sea, vale para ti, no vale para mí. Que tú me dejas entrar en tu casa y debes atenderme de lo mejor, pero eso sí, en mi casa la cosa es distinta, ni te dejo entrar, ni te atiendo, ni tienes derecho alguno. Realmente, los únicos que se benefician de este pluralismo tan singular son los izquierdistas en sus diferentes matices. Pues, donde los marxistas gobiernan plenamente, ninguna oportunidad le dan a los partidarios de la democracia y de la libre empresa, ni en prensa, ni en radio, ni en televisión, ni la venta de libros o revistas, ni mucho menos su publicación. Ni siquiera consienten que se les critique.

El pluralismo que hoy conocemos es un invento para los países que practican la democracia tonta, la ingenua, la que se sacrifica a sí misma y deja que la sacrifiquen, la que ayuda a los que no son demócratas, es la propia ley del embudo: Lo ancho para ti y lo angosto para mí. Pluralismo sólo para países libres y democráticos, *sólo para países donde los medios de producción y de servicio están en manos privadas. ¿Cómo entender que una democracia permita actuar libremente a quienes vienen precisamente a terminar con ella?* ¿Acaso existe en alguna parte un comunismo democrático? Y si nunca hemos visto un comunismo o un fascismo democrático, *y si sabemos que no son demócratas, ¿por qué entonces algunas democracias permiten a los comunistas competir por el poder? ¿Cómo pueden permitir partidos que sólo saben mandar por la fuerza y la opresión, y cuyo fin es eliminar la empresa privada y al mismo tiempo la democracia y el "pluralismo"?*

Democracia es una cosa, y dictadura es todo lo contrario. Es como el orden y el desorden, y no se puede ser ambas cosas a la vez. Si te gusta el orden y metes desordenados en tu casa, nunca la tendrás en orden. Si nos gusta la libertad, si nos gusta la democracia, ¿cómo vamos a permitir a quienes vienen precisamente a terminar con esa libertad y con esa democracia? ¿No sería más inteligente exigir primero a esos partidos, que demuestren ser capaces de convertir sus dictaduras en democracias, y de permitir a los partidarios de la propiedad privada y de la libre empresa?

El pluralismo que hoy conocemos es la forma elegante que consiguieron los enemigos de la propiedad privada para que los dejaran actuar libremente. Es tener al enemigo en las entrañas, y dejarlo actuar libremente con su adoctrinamiento en todas las ramas de la educación, cultura, religión, y en los sitios de más influencia y poder como son los medios de información y opinión. Es como dejar entrar en tu casa a tu peor enemigo, y permitirle que pervierta a tu mujer y a tus hijos, y termine echándote o eliminándote y quedándose con tu casa, con tu mujer y tus hijos. Es como admitir en un campeonato de fútbol a un equipo que sólo viene a obstruir, a lastimar, a sembrar discordia, y el día que gane un partido, se termina el campeonato y acaba con los demás equipos. ¿Debe permitir esto un demócrata? ¿Debe dejarse manipular como un tonto con el pretexto de que las democracias deben ser pluralistas?

Si realmente valoramos la democracia, ¿cómo vamos a permitir que otros vengan a aniquilarla? *¿Pueden ser demócratas quienes apoyen este pluralismo?* ¿Acaso los comunistas dan el mismo trato a los partidarios de la democracia y de la libre empresa? ¿Acaso permiten alguna mínima crítica en sus cerradas y represivas dictaduras? Es como que alguien tenga todo el derecho a ocupar tu casa, y tú ninguno a ocupar la de él. Pero nuestra imbecilidad va más allá; no sólo les dejamos entrar en nuestra casa, sino que dejamos que nos echen y se queden con ella. *Y algunos medios de información y opinión llegan al colmo, no solo de dejarlos entrar, sino de darles el mejor cuarto, la mejor cama y la mejor comida. Y a los partidarios de la libre empresa, si acaso les dan el cuarto del servicio o un pedacito de patio trasero.* Así están las cosas. ¿Cómo pueden darle prioridad a los escritos de gente cuyo objetivo es precisamente acabar con esa libertad y esa democracia? ¿Cómo pueden permitir partidos políticos cuyo fin es acabar con toda pluralidad?

No hay un solo país donde exista un verdadero pluralismo. Ni en Venezuela, ni en México, ni en España donde consienten a los comunistas pero no permiten a los partidarios de un gobierno como el de Francisco Franco. Ni en Chile donde quieren execrar a los simpatizantes de Pinochet, no obstante y que todas esas dictaduras dieron más libertades, y fueron económicamente más exitosas que todas las dictaduras comunistas o socialistas juntas. Sin embargo, pueden jurar, que si alguien propone en España que admitan un partido político que desee imponer un gobierno al estilo de Francisco Franco, los primeros que protestarían serían los enemigos de la propiedad privada, pues son los únicos que se benefician de este pluralismo tan singular. Y es la pura realidad, luego que toman el poder, o parte de él, tratan por todos los medios de apropiarse de todos los demás poderes, así sea engañando, robando, asesinando y hasta simulando democracia. Está ocurriendo en varios países.

¿CAMBIAR LIBERTAD Y SUFICIENCIA POR SOMETIMIENTO E INEFICIENCIA?

William James, filósofo norteamericano fundador del pragmatismo, afirmaba: *La prueba de toda verdad reside, sencillamente, en su eficacia.*

En efecto. Si luego de conocer países de Europa con economías de libre mercado y libre empresa, u otros como Canadá, Nueva Zelanda, Japón o Estados Unidos, todos respetuosos de la propiedad privada y capaces de proporcionar, comida, bienes y comodidades de todo tipo y en abundancia a todos los ciudadanos, y *en completa libertad.* Nos es difícil comprender que aún hayan personas empeñadas en destruir lo que ha probado ser bueno, para cambiarlo por lo que ha sido un fracaso en todos los aspectos. Quizás, porque como dice el refrán: *"nadie sabe el bien que tiene hasta que lo pierde."* Porque si reflexionamos sobre el sistema de mercado y libre empresa, *jamás hubo algo mejor:* Un sistema con tal grado de eficiencia y generación de bienestar, *no obstante y tener que aguantar las constantes agresiones y demás daños graves que le hacen los izquierdistas,* entre los cuales está la crisis actual que abordamos en la página 26. Aún así, es capaz de producir y distribuir riqueza, bienes y servicios en cantidades tan enormes, no sólo para abastecer a todos sus ciudadanos, sino también a sus adversarios, a quienes ayudan a solventar muchas necesidades.

No existe un solo país con gobiernos totalitarios de izquierda que no se haya beneficiado de la ayuda directa o indirecta de los países libres. Se benefician de gigantescas inversiones creadoras de riqueza. De sus bienes y alimentos. Se benefician de su tecnología. E incluso de sus compras, hasta con trato preferencial. Sin ir muy lejos, Rusia y demás países del bloque oriental han recibido de Estados Unidos y de otros países libres, miles de millones de dólares en préstamos. Solamente del Fondo Monetario Internacional, del cual Estados Unidos ha sido y es el principal proveedor de fondos, en 1992 a instancias de Washington, la institución se apresuró a prestar a Rusia 1000 millones de dólares; 1500 millones más en 1993; y otros 1500 millones en 1994; luego a principios de 1995 le concedió un préstamo adicional de alrededor de 6.000 millones, y en Marzo de 1996 aprobó otro de cerca de 10.000 millones que les fueron entregados en el curso de los tres años siguientes. *Un total de 20.000 millones de dólares en apenas 8 años. ¿Ustedes saben lo que son veinte mil millones de dólares solamente a Rusia en apenas 8 años?* Además de otros préstamos de otras instituciones, y de la ayuda tecnológica, y mano de obra calificada.

Imagínense que toda esa riqueza producida por los norteamericanos y por otras democracias del mundo libre, en vez de destinarla en ayudar a sus ingratos enemigos, la utilizaran para el disfrute de sus propios ciudadanos, ¿cuántos beneficios, servicios e infraestructuras adicionales estarían recibiendo los norteamericanos? Sin embargo, lo único que reciben a cambio es más perjuicio. ¿Por qué los marxistas son tan malagradecidos?

Lo cierto es, *que si no fuera por ese empecinamiento de querer imponer a toda la humanidad un régimen de esclavos,* y para colmo fracasado, <u>*todos los países de la tierra estarían en súper mejores condiciones sociales y económicas.*</u>

En efecto. ¿Cómo pueden desear cambiar un sistema que ha probado ser bueno y eficiente, por otro fracasado y que todo el mundo detesta por lo falso y por inhumano, además de despótico e ineficiente? ¿Será que los izquierdistas con buenas intenciones ignoran lo que sucede? ¿Será que no se dan cuenta por engañarse perennemente unos a otros? *¿Cómo pueden querer imponer un sistema de condenados, y con necesidades de todo tipo, que no son peores precisamente por la generosidad de quienes quieren eliminar?* ¿Qué ganan perjudicando a quienes les ayudan? ¿Qué satisfacción sienten queriendo hacer creer, incluso a su misma gente, que es malo lo que todo el mundo sabe que es bueno, y que es bueno lo que todos saben que es malo? ¿Qué satisfacción pueden sentir al querer eliminar al sistema del cual viven y comen? *¿Qué mérito tendría imponer a juro lo que ha sido un fracaso en todos los aspectos? ¿Qué razones podrían existir para desear acabar con este libre y eficiente sistema de gobierno?* Quizás en el fondo el gran problema sean las "enseñanzas" que aún inculcan a los estudiantes en muchos países: las supuestas "bondades" del marxismo, y las aparentes "injusticias" del neoliberalismo. Es un círculo vicioso. Ya "instruidos" y creyendo saber el origen y la cura de todos los males, se entregan a la política, o como periodistas, "analistas", animadores o profesores para seguir "instruyendo" a los demás. *Porque se instalan donde más daño hacen:* en los partidos políticos, en los medios de información y opinión, en las Universidades, en la industria del cine y televisión, y hasta como clérigos en las diferentes religiones. *Quizás no se den cuenta que se engañan unos a otros, y que la mayoría de los males que el mundo padecemos, exceptuando desastres naturales, son consecuencia directa o indirecta de sus acciones.*

¿QUIENES CAUSAN LAS CRISIS?

¿Por qué los países más afectados por la crisis mundial son aquellos que necesitan comprar mucho petróleo y no pueden recuperar la gran cantidad de dólares que gastan en él? Y, ¿por qué <u>ninguno</u> de los países exportadores de petróleo tiene problemas financieros?

La crisis financiera de Estados Unidos y de otros países consiste en que los bancos no tienen los dólares necesarios para financiar sus normales operaciones. Que el dinero que los bancos entregaron a préstamo no lo recuperaron como debían. Los préstamos hipotecarios se encuentran morosos. Las tarjetas de crédito también. Y gran cantidad de empresas, entre ellas fabricantes de vehículos y de transporte. ¿Y por qué tanta gente no cumplió sus compromisos de pago con los Bancos? Porque igualmente carecían de dinero, *y la causa principal fue y sigue siendo la desenfrenada y totalmente <u>anormal</u> <u>subida</u> de los precios del petróleo.* Recordemos que en 1998 el barril de crudo costaba entre 7 y 8 dólares, *y en menos de diez años llegaba hasta los 150 dólares el barril, o sea que el precio llegó a multiplicarse hasta por 20.* Y cuando los países no producen suficiente petróleo para abastecer su consumo, obligatoriamente lo deben comprar. *Y adquirirlo a precios anormales y exorbitantes les tiene que perjudicar enormemente. Son multimillonarias cantidades de dólares que se deben recoger diariamente para entregar a los países productores.* Y esta inmensa cantidad de dinero la deben aportar los ciudadanos cuando compran el combustible, o sus derivados que son muchos, o cuando compran pasajes, bienes o comida que también son afectados por la subida de los precios del combustible y de los fletes en general que también inciden sobre los costos de producción. Y con impuestos porque al gobierno también se le incrementan los gastos en combustible y de todo cuanto compran. O cuando es el gobierno quien paga y subsidia los precios del combustible. Y todos estos dólares de sobre precios vacían el bolsillo de los consumidores y se los llevan los países exportadores de petróleo.

26

Lamentablemente el combustible proveniente del petróleo aún es <u>indispensable</u>. Aún no se puede prescindir de él. Es un gasto obligatorio. Se detendría la economía mundial. Se paralizaría el transporte aéreo, terrestre, marítimo y fluvial. Debemos tomar en cuenta que casi todos los motores que impulsan los transportes, equipos y vehículos que se mueven por el mundo: aviones, barcos, camiones, maquinaria agrícola, industrial y militar, *fueron diseñados y fabricados para este tipo de combustible y basados en los precios que existían para ese tiempo. Y todas esas grandes fábricas e industrias que los construyen o toman parte en su fabricación, también fueron diseñadas y construidas para fabricar este tipo de motores y de vehículos.* **Y toda esta gigantesca estructura industrial no se puede cambiar de la noche a la mañana.** Ni país alguno en condiciones de invertir las multimillonarias sumas de dinero que harían falta para remplazar rápidamente las estructuras existentes. Y luego: que todas las empresas y personas estén en condiciones boyantes para poder sustituir sus vehículos por otros que consuman muy poco combustible.

Y no hay empresa ni hogar en Estados Unidos que no use un vehículo por lo menos. *Y mientras los países no produzcan la suficiente cantidad de petróleo para abastecer su consumo, <u>obligatoriamente lo tienen que comprar.</u> <u>Y adquirirlo a precios anormales y exorbitantes les tiene que perjudicar enormemente.</u>* A unos más que a otros, sobre todo a aquellos cuya balanza comercial es deficitaria: que no exportan lo suficiente para recuperar los millones de dólares que deben salir para comprar el petróleo y otros productos importados. Que son muchos los dólares que salen del país y muy pocos los que regresan para adquirir productos nacionales.

Y aunque muchos bienes y servicios puedan bajar de precio debido a la misma escasez de dólares, y a la férrea competencia muchas veces desleal de productos importados, las empresas que los producen igual sufren las consecuencias del alza desmesurada del combustible, trabajando a pérdida y hasta tener que cerrar, como en efecto ha ocurrido.

Y al faltar los dólares que se van al exterior, a mucha gente se le hace difícil ahorrar, pagar y comprar igual que antes. Y al dejar de comprar bienes de consumo, *también se afectan las tiendas que los venden y las empresas que los fabrican,* las cuales a su vez, para equilibrar sus gastos con los ingresos, deberán reducir sus gastos, entre otros despedir empleados y trabajadores. *Y el desempleo es la parte más nefasta de toda crisis económica.* Porque al ser afectados los comerciantes y fabricantes porque no venden igual que antes, se obligan a tomar medidas para salvar a sus empresas, entre las cuales está la de reducir el número de empleados y trabajadores, los cuales son los más perjudicados pues apenas podrán comprar lo esencial, y se les hará más difícil cumplir sus compromisos de pago con los bancos, todo lo cual afecta enormemente la economía del país.

Y así, en menor o mayor medida, la gente es afectada por la falta de trabajo y de dinero, disminuyéndoles su capacidad de ahorro e inversión, y haciéndoseles más difícil cumplir sus compromisos de pagos, entre ellos los préstamos hipotecarios y las tarjetas de crédito. *Todo lo cual afecta enormemente a los bancos y a todo el país en general.*

Y mientras no se corrija la causa principal que genera la crisis, *(los altos precios del petróleo)* **de muy poco valdrán las medidas que se pongan en práctica.** Pues en los casos donde los gobiernos inyecten dinero a los bancos, sólo sirve de atenuante, pero no remedia la situación, **porque los dólares volverán al circulante,** **y nuevamente serán adsorbidos por los exportadores de petróleo.** Además, los dólares para ayuda, que inmediatamente podrían ser conseguidos con la emisión y venta de bonos del tesoro, al final para cancelarlos, saldrán de los impuestos que tendrán que pagar los ciudadanos. Mientras tanto, los dólares que se van del país y que ordinariamente deberían regresar para comprar las cosas que se producen internamente, muchas veces tardan mucho en regresar porque los países productores de petróleo los invierten o depositan en otros países. Y cuando regresan ya el daño está hecho, y lo más probable es que los inviertan en bonos del tesoro para incrementar la deuda del país, o en comprar empresas, sobre todo medios de información y opinión, con lo cual los países productores de petróleo se van apropiando de todo.

Pero no solamente con los altos precios del petróleo perjudican a Estados Unidos y a otros países. También lo hacen de otras maneras. Por ejemplo: como el régimen imperante en Venezuela es quien acapara los dólares, y el único que autoriza y paga las importaciones, disimuladamente los venían negando para compras en Estados Unidos, a menos que los productos no los consiguieran en otras partes. Y aún así, intencionalmente no pagaban a muchas empresas las compras que hacían. Solamente a la General Motors le adeudan más de dos mil millones de dólares. Lógicamente, por muy fuerte que sea la economía de un país, estos daños intencionales afectan gravemente a las empresas y agravan la crisis. En cambio a los camaradas, chinos y rusos, les entregan miles de millones de dólares, a cambio de supuestos "satélites" o "armamentos", con los cuales compran empresas en todo el mundo o bonos del tesoro en Estados Unidos o en otros países, para endeudarlos más.

También perjudica a Estados Unidos la competencia desleal. A muchas empresas afectadas por el alza del combustible y los costos de producción, se les hace muy difícil competir con las de afuera, donde el combustible y la mano de obra son más económicas. De igual forma a las empresas de transporte aéreo internacional se les hace difícil competir con aquellas que se surten de combustible más económico porque sus "propietarios" son de países productores de petróleo.

También otros países son afectados por la crisis, *porque naciones como Estados Unidos que podían invertir, hacer turismo y comprarles muchas cosas, ya no pueden hacerlo como antes, por estar precisamente en crisis.*

¿Y POR QUÉ SUBEN TANTO LOS PRECIOS DEL PETRÓLEO?

Los monopolios son perversos. Su finalidad es monopolizar y controlar la producción para imponer los precios, y por ello están prohibidos en muchos países. Aunque no por casualidad, *sólo en países con sistema de libre mercado y libre empresa.* ¿Por qué será? Sin embargo, internacionalmente crearon el monopolio más grande y más dañino del mundo: La OPEP, y los medios de información y opinión, *no lo denuncian,* como si fuera de lo más normal. ¿Y por qué no lo hacen? Porque lamentablemente, *la mayor parte* de los medios de información y opinión, así como varios países miembros de la OPEP *en complicidad con Rusia,* están en manos de la izquierda, y usan estos dineros para seguir acaparando medios de información y opinión, y sobre todo el poder económico mundial. ¿Y cómo van a denunciar los medios de información y opinión que la crisis se deba a los exagerados precios del crudo, si también son responsables de hacer subir los precios? Así como tampoco informan que los precios descenderán por algún motivo, *como en efecto los hubo y los hay.* Por ejemplo: en la tragedia de New Orleans quedaron arrasadas varias refinerías. Habría sido un buen momento para anunciar que debido a la tragedia gran cantidad de petróleo quedaría sin mercado y por lo tanto los precios bajarían. Pero los medios lo hicieron al revés, y anunciaron que debido a la tragedia los precios del petróleo ascenderían, *y los hicieron subir.*

No hay un sólo motivo de fundamento para que suban los precios del petróleo. No hay escases de crudo. Hay más que suficiente petróleo para la demanda mundial. La prueba más palpable es que: *cada vez que los precios bajan,* este monopolio anuncia recortar la producción para subir los precios. Ello, unido a *informaciones alarmistas de supuestos incidentes* en países productores, y a declaraciones de aparentes "analistas" que están en los medios de información opinión. Pero, *la cruel realidad es que siguen vendiendo todo el petróleo que les solicitan,* apenas dejan de vender las inevitables bajas en el consumo que originan precisamente *los altos precios.* Prueba de ello es que: según cifras de la Agencia de Información de Energía de los Estados Unidos, el consumo de petróleo en los últimos años ha sido superior a la producción, algo inverosímil, pues, *¿Cómo es posible consumir más de lo que se produce?* Dicho de otra manera, las supuestas reducciones sólo son para manipular y chantajear a los compradores, los cuales, sin duda, *se han dejado extorsionar con los precios.* Porque así como los *exportadores de crudo y sus intermediarios se ponen de acuerdo para subir los precios, igual lo deben hacer los compradores para no dejarse chantajear, y no pagar más de lo acordado con anticipación. Porque así como a muchos países les hace falta comprar petróleo; a los productores también les hace falta venderlo.* **Y es necesario bajar los precios del crudo para salir de esta perversa crisis y evitar su prolongación en el tiempo. De seguir permitiendo que este monopolio continúe imponiendo los precios del crudo, será muy difícil salir de ella.** Y el desastre mundial por culpa de la izquierda podría ser irreversible.

Ningún monopolio es justificable, y si no los prohíben a nivel mundial, podrían incrementarse: Podrían seguir productores de otros minerales, o de alimentos, o de productos químicos, y pare usted de contar.

Supongamos que los principales países productores de trigo y de leche crearan un monopolio para subir los precios hasta varias veces su valor actual, *¿a qué precio tendríamos que pagar la harina de trigo, el pan, los quesos y todos los derivados de estos dos alimentos esenciales? Si esto llegara a suceder, ¿también los organismos internacionales como la ONU lo van a permitir? ¿Y también los medios de información y opinión? ¿Acaso no tienen la obligación de denunciarlos? ¿Se quedarán de brazos cruzados mientras la gente en todo el mundo aguanta todo tipo de privaciones? Pues aunque no lo parezca, es mucho más perjudicial el monopolio creado para subir los precios del crudo, que el supuesto para subir los precios del trigo y de la leche. Porque estos alimentos aún se podrían sustituir inmediatamente por otros productos. En cambio el combustible derivado del*

31

petróleo es más difícil poderlo sustituir de forma inmediata por las razones antes expuestas en el artículo anterior.

Lo cierto es, que este monopolio creado para subir los precios del crudo, -en complicidad con Rusia y los medios de información de izquierda- ha puesto en crisis a muchos países que necesitan comprar combustible. Y si la ONU no interviene de inmediato para deshacer a este monopolio y hacer que los precios del crudo vuelvan a la normalidad, el desastre mundial podría ser irremediable.

Pero lo más absurdo es que, *son pocos los países exportadores de petróleo donde las personas realmente se benefician de los altos precios.* Porque los dólares no los usan para mejorar el nivel de vida de la población. *Claramente se observa que no les interesa su bienestar.* Tanto es así que en Venezuela, no obstante y que los precios del crudo llegaron a multiplicarse hasta por veinte, los empleados y obreros petroleros del Estado *ganan hoy menos dólares de los que ganaban hace diez años,* y las carreteras del país se encuentran en un estado deplorable porque ni siquiera gastan en mantenimiento.

GOBERNANTES <u>IMPROPIOS</u>.
¿QUIÉNES SON?

La más grande injusticia que lamentablemente aún soportan los países con sistema de libre empresa, **consiste amargamente en <u>permitir</u>** *que lleguen a desempeñar cargos importantes en el gobierno, personas que en su fuero interno no comulgan con el sistema. Que en sus adentros no están de acuerdo con que los medios de producción y de servicio estén en manos privadas. Que en su cabeza, internamente, son enemigas del sistema de libre empresa.* **Que son <u>impropios</u> para gobernar un país con un sistema en el cual no creen. Los gobernantes impropios siempre dejan al país en peores condiciones que cuando tomaron el cargo.** *Porque cuando estas personas ejercen estos cargos, <u>su interés no está en ayudar al sistema de libre empresa, sino en aprovecharse del cargo para beneficiar sus creencias. Y traicionan al país que prometieron ayudar, y a todas las personas que en ellos confiaron.</u>*

Todos sabemos que en los países libres la economía descansa sobre millones de propietarios. Que todo ese complejo económico que conforman países como Estados Unidos, México y Canadá, reposa o se apoya sobre millones de entusiastas ciudadanos. Y cuando en estos países se pierde o no hay la suficiente confianza en los gobernantes, aumentan los temores, el ánimo decae, se pierde el entusiasmo y se desacelera el gran motor que mueve la economía. Para estos países, lamentablemente desprotegidos de estos sus peores enemigos, *<u>los gobernantes impropios son como lobos disfrazados en un rebaño de ovejas,</u>* pues traicionan a su país y a todas las personas que confiaron y votaron por ellos. Un buen ejemplo de este tipo de gobernante es Obama quien *prometió hacer todo lo posible para que Estados Unidos no dependiera del petróleo extranjero. ¿Y qué ha hecho al respecto? ¿Acaso no ha sido todo lo contrario? ¿Acaso las medidas que tomó por accidentarse uno de los pozos en el Golfo ayudan a Estados Unidos? Mencionaremos algunas: Suspender la exploración frente a las costas de Alaska. Cancelar la concesión pendiente en el Golfo y la propuesta*

33

concesión en la costa de Virginia. Mantener la actual moratoria y suspender el otorgamiento de nuevos permisos para nuevas perforaciones en aguas profundas. **Y suspender las actividades en 33 pozos exploratorios que para ese momento se perforaban en el Golfo. ¿Cuánto petróleo deberán seguir importando porque todos esos pozos en construcción y en proyecto ya no producirán? ¿Y a cuántas personas deja sin trabajo en plena crisis?** Recordemos que para los marxistas "los fines justifican todos los medios". Por ello fingen querer ayudar a su país y a los más necesitados, mientras realmente los empobrecen y los someten. Y engañan a la gente, y para ello inventan nuevos beneficios a expensas de más deuda y más impuestos, aún sabiendo que son perjudiciales y acarrean desempleo. *Y desarman a los Estados Unidos. Y le niegan los proyectos de defensa. Mientras externamente son complacientes con los regímenes dictatoriales de izquierda. Y los ayudan económicamente. Mientras estos aprovechan a sus camaradas -los gobernantes impropios- para fortalecerse militarmente, económicamente y políticamente, y para tomar el poder en más países.*

Lo peor que puede pasarle a los países libres es ser gobernados por gobernantes impropios. *Porque fingen ayudar, mientras realmente los perjudican en todos los aspectos. Y desaniman a los millones de propietarios sobre los cuales descansa y se apoya toda la economía.* Mientras tanto, *los medios de información y opinión* (las armas principales que usan para inducir a la gente a elegirlos) **continuarán tratando de hacerle creer a la gente que lo están haciendo bien.**

Lamentablemente, mientras en los países totalitarios de izquierda, **todos los medios de información y opinión son propiedad del sistema, y todas las noticias y opiniones son controladas y autorizadas por sus dictadores. En los países libres también los pueden comprar, y establecer otros nuevos, e incluso apropiarse de todos.** Ello viene sucediendo. Muchos aún no se percatan de este gravísimo problema. Y hasta se dejan manipular por ellos. Y de seguir las cosas como van muy pronto podríamos estar todos sometidos. Véase los poderosos medios en la página 172.

Y, ¿A QUIÉN LE GUSTA VIVIR SOMETIDO?

Supongamos que inventan un nuevo sistema de gobierno en el cual sus creadores crean ciegamente. Que supuestamente va a llevar más comodidad y bienestar que todos los sistemas anteriormente conocidos. Y que tenga muchos simpatizantes. *¿Creen ustedes que por el hecho de que sus creadores y simpatizantes piensen que es el mejor sistema de gobierno, puede darles el derecho a engañar a los demás, y a eliminar al que se oponga, y a obligar a todo el mundo a aceptarlo por las buenas o por las malas? Y si sabemos que nadie tiene por qué causarle mal a sus semejantes, y menos por negarse a aceptar algo que les quieran imponer.* ¿Cómo entonces pretenden los izquierdistas obligar a todo el mundo a aceptar un sistema conocido y caracterizado por lo despótico, por lo embustero, por lo ladrón y criminal, y para colmo fracasado? Desdichadamente está sucediendo.

Ahora imaginémonos el mundo ya todo *sometido* y forzadamente dividido en dos clases muy diferentes: *La clase gobernante,* poseedora de todos los privilegios, y a la cual sin duda, todos querrán pertenecer. *Y la clase sometida,* la que debe y tiene que obedecer, y a la cual nadie querrá pertenecer. Ahora mis amigos de izquierda, aunque hoy piensen que podrían estar en la clase gobernante, *imagínense que sean incluidos en la clase sometida. ¿Saben lo que significa condenarles de por vida a ser obreros o empleados de los únicos propietarios, y sin derecho a quejas de ningún tipo? ¿Saben lo que significa que no puedan hacer nada sin el consentimiento de vuestros amos? ¿Saben lo que significa vivir perpetuamente sometidos?* Que mientras los amos, hacen y deshacen (a nombre del pueblo) ustedes sean todo el tiempo un simple cero a la izquierda.

Pero, ¿quién les da ese derecho? ¿Por qué quieren obligar a la gente a vivir en un sistema que no les gusta? ¿A quién le puede gustar tener que obedecer toda la vida? ¿A quién le puede gustar ser esclavo para siempre? ¿Por qué quieren imponer a todo el mundo un sistema de esclavos, sencillamente porque a ellos les da la gana, así sea robándose

35

los votos, o engañando a todo el mundo, o eliminando a quien se oponga? *¿Por qué, con qué derecho, por qué quieren obligar a todos a vivir en un sistema que no les gusta? ¿Qué suprema autoridad los faculta para apropiarse de un país, de su gente y de sus bienes? ¿Acaso saben lo que es vivir eternamente sometidos?* ¿Por qué tanta hipocresía: días de fiesta, ofrendas y conmemoraciones a nuestros libertadores, si no son capaces de honrarlos defendiendo lo que tanta sangre, vidas y tiempo les costó? ¿Qué harían nuestros libertadores si vivieran hoy con nosotros?

¿Están conscientes de lo que significa traicionar a su país y a sus hermanos para someterlos a un mando global extranjero, y sin saber cómo los van a tratar? ¿Acaso son tan ingenuos como para no darse cuenta que los usan para luego desecharlos y tirarlos al pote de basura? ¿Qué otro motivo puede haber para dañar estas economías sabiendo que con ellas se progresa y en donde precisamente está mejor la clase obrera? ¿Qué otro motivo puede haber para seguir perjudicando a las empresas sabiendo que estas crean riqueza y bienestar a todo el mundo, y sobre todo a la clase trabajadora? ¿Qué otro motivo puede haber para seguir perjudicando, engañando y robando a quienes precisamente les ayudan a transformar sus atrasados países? ¿Acaso es comprensible que por este empecinamiento, miles de personas tengan que huir de su país y millones pasen hambre y necesidades? *¿Cómo pueden querer someter a sus paisanos a un poder económico y político extranjero?*

Imaginémonos que 150 años atrás hubieran instalado *globalmente* un sistema como la izquierda quiere: con todos los medios de producción y de servicio en manos de un grupito. *¿Existirían la enorme cantidad de bienes y servicios y los miles de adelantos tecnológicos modernos que hoy afortunadamente usamos y disfrutamos? ¿Cuál fue el motivo para que Rusia y China abrieran sus puertas a los empresarios de los países libres, si no precisamente para tratar de lograr la prosperidad que su sistema de esclavos no pudo conseguir? ¿Cómo pueden querer eliminar a un sistema que ha probado en muchos países ser capaz de llevar* *bienestar a todos, incluyendo a los mismos izquierdistas que también con sus familias lo viven y lo disfrutan?*

Si el marxismo fuera tan siquiera un regular sistema de gobierno, ¿para qué necesitaría esperar que el sistema que "no sirve" (el de libre mercado y libre empresa) les desarrolle los medios de producción y de servicio para luego apropiárselos? ¿Para qué necesitaría engañar a la gente? *¿Será por todo ello que la gran mayoría de los enemigos de la libre empresa no se identifican? ¿Votaría la gente por ellos si lo supiera? ¿Habría votado la gente por Obama de haberse identificado como enemigo de la libre empresa?* ¿Por qué ni a los mismos marxistas les gusta vivir en los países donde los medios de producción están en manos de ellos? ¿Cuántas familias saldrían de esos países si los dejaran? Pueden estar seguros que si los marxistas consiguen someternos a todos y dejaran aunque sea un país sin someter, a él todos nos vamos a querer ir, si pudiéramos; hasta los mismos izquierdistas. *¿Será por eso que no quieren dejarnos ni un lugarcito libre donde pudiéramos irnos a vivir?*

¿ESTÁN FACULTADOS LOS MARXISTAS PARA EL MAL?

Toda creencia o doctrina, sea política o religiosa, tiene sus adeptos o partidarios. Y todos piensan que la suya es la mejor. Para los creyentes de Mahoma y el Corán, no hay nada como el Islamismo. Para un demócrata verdadero, la democracia es el mejor sistema de gobierno. Los nazis piensan que el mundo estaría mejor con el Nacionalsocialismo. Para un católico practicante, la Iglesia Católica es la verdadera religión. Para un fanático marxista, difícilmente le harán creer que hay algo mejor. Y así sucesivamente. Como dice el refranero popular: "Cada cabeza es un mundo" o "Cada loco con su tema". Pero, *el hecho que algunos amen su religión o su creencia política, ¿puede acaso darles el derecho a matar o a perjudicar de alguna forma a los demás porque no compartan sus creencias?* ¿Pueden estas creencias servirles para impunemente disponer de la vida, libertad, o del dinero de los demás para supuestamente facilitar, promover o financiar la doctrina en la cual creen? No está lejos la tragedia por la cual pasaron los judíos en la Segunda Guerra Mundial, víctimas del fanatismo político de los nazis, fieles creyentes en el Nacionalsocialismo. No obstante, todo el mundo tuvo conciencia de estos crímenes, y los responsables de este genocidio, además de ganarse el repudio universal, fueron buscados, perseguidos, arrestados y castigados con la pena de muerte o cadena perpetua. No hubo persona ni organismo en el mundo que pidiera clemencia para estos criminales. Mucho menos porque fueran hechos a nombre de un partido político en el que creían y profesaban como el mejor de la tierra.

Hoy, comenzando el siglo XXI nos dejan perplejos las incalculables maravillas tecnológicas y científicas. Sin embargo, en el aspecto social, político y moral, sin duda hemos retrocedido. *Los crímenes que hoy vemos a nombre de credos religiosos o ideologías políticas son más abominables que los que perpetraron los nazis. Sobre todo cobardes, pues se cometen en sociedades democráticas libres, donde todos pueden ejercer el derecho a opinar y a difundir sus ideas de manera civilizada y pacífica.* Estos crímenes son ejecutados de la forma más vil, traicionera y repugnante que existe: Edificios repletos de gente inocente son dinamitados para sembrar miedo y terror. Aviones llenos de pasajeros los hacen estallar en pleno vuelo. No importa la edad, sexo o raza, e igual da que sean mujeres, ancianos o niños. Aldeas enteras son masacradas por guerrilleros fanáticos marxistas. Asesinan policías, gente humilde del pueblo que trata de ganarse la vida en ese trabajo como en otro cualquiera. Dinamitan oleoductos causando gravísimos daños ecológicos e irreversibles al ambiente y a las fuentes de agua potable. Y se financian con algo tan deplorable como el tráfico de drogas y el secuestro de personas a las cuales asesinan cuando no cumplen sus exigencias. Realmente, parece que hubiera caído una maldición sobre la tierra. *No es casualidad que el terrorismo y las guerrillas actúen solamente en países con sistema de libre mercado y libre empresa. El fanatismo marxista ha causado más muertes que las dos últimas guerras mundiales. Es increíble que aún se cometan estos múltiples y cobardes asesinatos.* Pero lo más alarmante y preocupante es *la indiferencia* de los medios de información y opinión para que el mundo tome conciencia de la magnitud del mal y de los crímenes que cometen. Tal parece que los nazis pudieran usar nuevamente las cámaras de gas para seguir matando personas inocentes, y pasar inadvertidos. Como si los organismos internacionales y los medios de información y opinión no tuvieran la responsabilidad profesional y moral de denunciar y hacer castigar estos crímenes con la severidad que merecen. Sobre todo a quienes planifican, arman y entrenan a quienes los ejecutan. *Es alarmante como algunos gobiernos y organismos internacionales son indiferentes a estos genocidios.* **Hay perplejidad, pues hasta protección le dan algunos gobiernos a estos criminales.** Y llegar al colmo de justificarlos, entrevistarlos, y hasta de llevarlos a la pantalla grande o a la chica como protagonistas.

¿Estarían de acuerdo los marxistas con estas prácticas si fueran ellos las víctimas, si fueran ellos los secuestrados, los torturados y masacrados, y que algunos gobiernos entrenen, armen y protejan a sus asesinos? ¿Les justificarían

los actos terroristas porque lo hacen a nombre de una ideología política? ¿Les perdonarían todos los crímenes cometidos porque fueron por una supuesta buena causa? ¿Les elegirían para presidir un país, o para senadores o diputados y los tratarían como héroes?

El que asesina a sangre fría para supuestamente beneficiar sus creencias, merece castigos más severos que aquel que lo hace por otras circunstancias. *¿Qué creyentes no piensan que su doctrina o religión es la mejor y la verdadera? ¿Y acaso ello les da el derecho a robar, a secuestrar y asesinar a los demás?* *Nadie posee derechos criminales, mucho menos algún país o mandatario a proteger, a tolerar, o a tratar con consideración a quienes cometen los más viles asesinatos a nombre de una religión o creencia política.* Bien lo decía Bolívar: *La violencia es el arma de los que no tienen razón.* La violencia solo puede justificarse ante regímenes totalitarios, donde a la gente opositora *no* le permiten difundir sus ideas.

LOS VERDADEROS CRIMINALES

Si a un desquiciado le da por matar gente, lo correcto es encerrarlo para que no asesine más. Pero *si alguien lo esconde, o dificulta su búsqueda, o sabe dónde se oculta y no lo dice, mientras sigue asesinando, ¿quién es entonces el verdadero asesino?* ¿Y qué decir de quienes arman, entrenan y lavan el cerebro a estos infelices, a los cuales introducen en carros llenos de dinamita, o les colocan una bomba en el cuerpo y los mandan a estallar junto a cientos de personas inocentes? ¿O de aquellos medios de información que en vez de repudiar y acusar a quienes los esconden, los arman y los entrenan, critican a los gobiernos o mandatarios que de alguna manera los enfrentan? ¿Cómo pueden recriminar a los gobiernos que tratan de proteger a sus países y a sus ciudadanos de estas masacres y múltiples asesinatos? Es como culpar a los cuerpos policiales por combatir a los delincuentes. Quieren trasmitir a la gente de bien, que a los asesinos hay que dejarlos tranquilos, que hay que dejarlos de buscar, o incluso hasta de alguna forma gratificarlos para que dejen de matar, o de lo contrario van a seguir amenazando y asesinando. Los mismos medios de información y opinión preparan el chantaje del demonio y lo difunden repetidamente para que todo el mundo lo acepte. Y manipulan de tal manera a la masa, que muchos terminan aceptando el chantaje y viendo con buenos ojos el retiro de las fuerzas que nos defienden del mal. Y a veces la gente ni se da cuenta de la manipulación de que son objeto.

Estos individuos que de alguna manera justifican a estos criminales, *son los verdaderos asesinos,* pues llegan al colmo hasta de entrevistarlos y de transmitir sus mensajes y grabaciones, y hasta de llevarlos a la pantalla grande o a la chica para convertirlos en héroes. Hacen lo que los terroristas quieren. *Hacen precisamente lo que no deben.* Y no es que lo hagan sin darse cuenta, pues las consecuencias de esta conducta son conocidas desde hace tiempo y reseñadas por sicólogos y siquiatras. Por ejemplo: hace algunos años podíamos observar en los estadios a muchos aficionados que se lanzaban al terreno para mostrarse y salir en televisión. Y

41

hasta conseguían aplausos del público. Querían que les vieran como individuos osados. Querían sentirse importantes. Esto trajo como consecuencia que *proliferaran* los temerarios y atrevidos. Y cada vez eran más los que se lanzaban al terreno. Hasta que se pusieron de acuerdo los dueños de equipos y las autoridades para que fueran ignorados y a la vez castigados por interrumpir el espectáculo. Hoy los casos son muy aislados y conste que son repudiados por todos. Pues igual y con más razón debe ser el comportamiento de los medios de información y opinión si realmente desean erradicar el terrorismo. *En primer lugar deben repudiar estos actos por lo monstruoso que son.* Y en segundo lugar: *Nunca dar notoriedad a sus protagonistas. Jamás entrevistarles, ni publicar sus mensajes, y mucho menos justificar de alguna manera sus criminales actos*, pues esto es precisamente lo que ellos quieren. *Lo que más deben hacer los medios de información y los periodistas es: labor investigativa y colaborar por el tiempo que sea necesario hasta detener y castigar a estos criminales. Sobre todo a quienes les financian, arman, entrenan y protegen, que son realmente **los verdaderos asesinos.*** Pero el colmo de algunos medios es *culpar* a los gobiernos de los países que los enfrentan. Así observamos las injustas críticas que le hicieron a los Estados Unidos al querer frenar la escalada terrorista luego del cobarde y monstruoso acto criminal a las Torres Gemelas donde murieron miles de personas de distintas nacionalidades. Por cierto, un *11 de Septiembre* de 1973 fue derrocado el régimen marxista que se instauraba en Chile. ¿Será casualidad que el acto terrorista también ocurriera un 11 de Septiembre? Es tal la manipulación de la información con sus parcializados "analistas", que nunca escuchamos decir: *Que los grandes culpables de las muertes en Irak son: Quienes arman, entrenan y convierten a esos desdichados, en explosivas y criminales bombas humanas, así como quienes los encubren. Llegan al colmo hasta de hacer películas o documentales donde los terroristas son los protagonistas. Esto sólo puede significar que todos ellos, al igual que quienes los financian y protegen, forman parte de la misma conspiración.*

42

Y AÚN ASÍ, PROGRESA

Sin duda, la actuación de los enemigos de la libre empresa con sus maquiavélicas prácticas, ha sido aterradoramente dañina para toda la humanidad. Aquí se incluyen, además de los actos terroristas monstruosos, escandalosos saqueos a los dineros del pueblo en muchos países. Sin embargo, es tan *eficaz* el sistema de libre empresa, que a pesar de los gravísimos daños que intencionalmente le hacen, ***aún así, progresa***. Pero, ¿acaso no estaría hoy el mundo mil veces mejor sin estos continuos y severos daños? *China es un gran ejemplo de lo que puede prosperar un país, cuando permiten la propiedad privada, y dejan funcionar el libre mercado y la libre empresa en un ambiente de paz, sin los inconvenientes y los daños que deben soportar los países capitalistas por parte de los izquierdistas.*

Imaginémonos que en el mismo momento en que Rusia fue sometida al totalitarismo marxista, el resto del mundo lo hubiera sido también. ¿Qué habría ocurrido? *¿Acaso abríamos podido alcanzar los portentosos adelantos que hoy tienen la ciencia y la tecnología? ¿No estaríamos aún anclados en la tecnología del siglo XIX?* Y ni soñar en acudir en busca de ayuda financiera y tecnológica de Occidente, como en repetidas ocasiones la consiguieron los izquierdistas, sobre todo en los últimos años. Sin lugar a dudas, *todos estaríamos en el mismo atraso.* O quizás peor, pues, al eliminar en aquel tiempo a los enemigos del proletariado (las máquinas), aún estaríamos trabajando rudimentariamente. Y, *¿con qué bola de cristal habríamos podido presenciar las asombrosas tecnologías y el consiguiente bienestar que gracias a ellas hoy podemos disfrutar, y las enfermedades que hoy podemos prevenir y curar, y las maravillosas comunicaciones satelitales, y la infinidad de productos y entretenimientos que hoy nos hacen la vida más fácil y agradable?* Y ¿qué habría pasado si Rusia y otros países de Europa *no* hubieran sido sometidos por los marxistas, tomando en cuenta el espíritu emprendedor de estos europeos, y que la mayoría de las personas encerradas o ejecutadas en esos países eran de las más instruidas e

43

inteligentes? ¿No estaría hoy el mundo más desarrollado y adelantado en todos los aspectos? ¿Cómo estaría hoy el mundo si los izquierdistas en vez de usar todos los medios - donde se incluyen todos los males- para entorpecer la paz, el progreso y el desarrollo de los países capitalistas, hubiesen colaborado con estos al igual que hoy lo hacen con China? ¿Y por qué razón quienes siempre creyeron en la democracia y en la propiedad privada, nunca se organizaron para defenderla? Esta es sin duda la falla principal que aún tienen las democracias, que muy poco se defienden de quienes tanto daño les hacen. Quizás porque en los países libres la primera preocupación de la gente es mejorar las condiciones de vida de su familia, y tratar de superarse cada día más, y no les queda tiempo para la política a menos que los esté afectando, como es el caso actual. O porque ven la propiedad privada como lo que realmente es: algo natural que siempre existió. Hasta los mismos animales defienden instintivamente sus territorios.

¿Y qué fue lo tan malo que hicieron los partidarios de la propiedad privada para ganarse gratuitamente a estos enemigos? ¿Acaso perjudican a China las empresas privadas que actualmente laboran allí?

Quizás en el fondo el gran problema es que no todas las personas se complacen del progreso de los demás. Y hasta sufren al ver a otros progresar. Les bastó leer algo que dijera que es injusto que unos tengan y otros no, para dedicar su vida a criticar y a causar mal a los demás.

SEGUNDA PARTE

En esta parte analizamos una serie de hechos, afirmaciones, mitos y falacias que desde hace mucho tiempo esgrimen y ponen en práctica los marxistas contra el sistema de libre empresa y la propiedad privada, y con los cuales lograron reclutar y confundir a mucha gente.

¿ES POSIBLE LA "IGUALDAD" MATERIAL?

Nuestra intención no es dilucidar la forma de cómo ocurrieron algunos hechos en la evolución del hombre. *Sólo deseamos esclarecer que las desigualdades forman parte de la condición humana.*

Desde que habitan los hombres sobre la tierra, existen entre ellos las diferencias, así como las hay entre los mismos animales. Difícilmente encontraremos dos personas con la misma paciencia, voluntad, inteligencia, memoria, valentía u optimismo. Difícilmente encontraremos dos personas iguales, ni siquiera en una, de la infinidad de aptitudes, vicios o virtudes que algunas poseen y que otras no tienen. Esas grandes diferencias fueron las que hicieron posible que muchos de nuestros antepasados poco a poco evolucionaran, hasta llegar a convertirse en lo que el hombre es actualmente. Y es quizás también debido a esas grandes diferencias que muchos quedaran rezagados y aún sigan salvajes. *Pero entre los que evolucionaron también había diferencias, las hay en la actualidad, y las habrá posiblemente hasta clonados.*

Probablemente en aquel tiempo el primer humano que al ver una cueva pensó que podría estar allí más protegido del sol o de las lluvias, y decidió vivir allí con su familia, sentó la primera desigualdad material entre ellos: Los que tenían hogar y los que no tenían. Y aunque poco fuera el mérito de este antepasado, sin embargo pensó y actuó, y esto lo hizo diferente. Y habría otro que tomando un pesado madero por uno de sus extremos, pensara que con él podría defenderse mejor, o hacer más daño a su rival. Este humano también sentó un precedente: fue quizás el primer hombre armado que existió, y bien pudo llegar a convertirse en jefe de su tribu. Y habría otro que al toparse con una piedra afilada pensó que podría usarla como herramienta para cortar, tallar, o mejorar su arma de combate. Y surgirían otros con nuevas ideas que pondrían en práctica y que les proporcionarían otras ventajas para defenderse, o para alimentarse, o para hacer sus vidas más seguras y agradables, y que sin duda les destacaba y diferenciaba de los demás. Y llegaría el día en que alguien recogió nueces, cocos u otros frutos secos duraderos del tiempo de abundancia y los guardó para los días que escaseaba comida, lo cual sin duda le colocaba en situación ventajosa frente a los demás. Y habría otro más curioso que observara la germinación de semillas de frutos comestibles conocidos, y tuvo la idea y la voluntad de recogerlas y sembrarlas cerca de su hogar para observarlas y cuidarlas. Y es probable que así surgiera el primer agricultor. Y habría otros que al ver aquellos primeros resultados, se animaran también a guardar y a sembrar grano y entraran en el grupo de los voluntariosos y precavidos.

Y es probable que algunos se burlaran de aquellos primeros "estúpidos" humanos que a veces no comían por tratar de guardar fruto o sembrar grano. Y jamás sembraron, preferían vivir como siempre lo habían hecho: cuando había se comía, y cuando no había se aguantaba o se moría.

Ya aquí podemos observar algunas diferencias entre aquellos primeros primitivos: los que trabajaban y los que no, los que guardaban y los que no, los que sembraban, cuidaban y cosechaban y los que no lo hacían, los mejor alimentados y los peor nutridos. Dos clases de seres que a medida que pasaba el tiempo se tornaban más diferentes: *Los que evolucionaban y los que se rezagaban.* Más sin embargo, todos vivían en libertad y haciendo lo que querían. Y mientras unos seguían salvajes, otros salían de esa categoría.

Ahora imaginémonos viviendo en aquellos primeros tiempos con ideas de igualdad y diferencias de clases entre humanos. Que ya existiera un jefe al cual todos obedecieran, y que a nombre de la igualdad y de los más necesitados, ordenara confiscar el grano guardado por aquellos primeros agricultores para repartirlo entre los que no tenían. Tal vez *la primera consecuencia* de obligar a entregar lo que con tanto esmero sembraron, cuidaron, cosecharon y guardaron, habría sido la *pérdida de independencia y libertad,* tanto individual como de grupo. Seguramente aquellos pioneros de la agricultura *no habrían vuelto a sembrar ni a guardar grano,* por lo menos en forma voluntaria. Con la grave consecuencia de retroceder para seguir siendo salvajes. Y en el caso de obligarles a sembrar y a cosechar, entonces se habrían establecido, como otras tantas veces en la historia del hombre,

47

dos clases muy diferentes o desiguales: Los que mandaban y los que obedecían. Los amos y los esclavos.

Ahora trasladémonos al tiempo cuando se iniciaba el movimiento comunista y publicaban por primera vez el Manifiesto. Y supongamos que hubieran tenido el suficiente apoyo político para instaurar globalmente el comunismo. ¿Qué habría sucedido? Empecemos por una de las "injusticias" que los marxistas siempre criticaron a la empresa privada. Según esos teóricos, la clase privilegiada en su afán de lucro se las ingeniaba para *"explotar"* o *"dejar sin trabajo"* a los trabajadores, y para ello inventó *las máquinas,* las cuales aún hacen posible que las fábricas o las granjas agrícolas privadas aumenten la producción con menos obreros, o sin necesidad de aumentarlos. Sin duda, *una de las primeras decisiones de los comunistas habría sido eliminar a estas enemigas del proletariado.* Prohibir su invención y construcción. Significaba condenarnos a los sistemas de producción que existían para la época. Significaba condenarnos al *estancamiento* y a seguir viviendo casi primitivamente. Significaba *someternos* a todos desde ese momento. Y cuando la gente pierde la libertad al obligarla a vivir en un régimen que no quiere, cuando las personas pierden la libertad por imponerles un régimen que monopoliza la información, la opinión y las ideas; que engaña y tergiversa los hechos; que acapara la producción y el comercio de bienes, *entonces es inmensamente mayor la diferencia de clases, e infinitamente más grande la desigualdad entre quienes pierden libertad y quiénes la quitan.*

Es muy fácil *igualar* a un grupo de personas quitándole a quienes tienen para repartirlo entre los que no tienen, de manera que todos queden materialmente iguales. Pero, ¿cuántos días podrían permanecer así? Hasta podrían desnudarlos a todos, de manera que no posean absolutamente nada. Pero aún así, a las pocas horas, si los dejan, algunos buscarán la manera de estar más abrigados o más cómodos, y podrían fabricar un lecho o una cobija. Y ya este solo hecho de poseer una cama o una cobija, mientras los demás carecen de todo, los hará inmensamente ricos y *desiguales* en comparación con los demás.

Sólo parcialmente y por la fuerza podría conseguirse igualdad material entre la gente. Sólo parcialmente y obligadas podrían igualar materialmente a un grupo de personas. La historia está llena de movimientos o revoluciones a nombre de la *igualdad*. Pero, *no ha sido posible conseguirla. El hecho mismo de quererla imponer la genera. Siempre habrá la mayor desigualdad entre quienes la imponen, y a quienes a "ella" someten.* Y entre más traten de imponerla, mayor será la desigualdad. El mejor ejemplo: los regímenes dictatoriales marxistas. Pero, *¿por qué buscar igualdad en la esclavitud y la pobreza, en vez de tratar de conseguirla en la prosperidad y en libertad?* ¿Acaso no es preferible tratar de obtener *menor desigualdad* material entre la gente *sin perder la libertad?* Una forma es tratando de estimular al rezagado, si es que desea mejorar y superarse, y otra es dándole protección cuando la necesite. El estímulo a la superación es importante, pero también actúa en forma desigual. En un sistema de mercado y libre empresa, al transcurrir el tiempo, algunos de los más pobres sobrepasarán a los más ricos, otros se igualarán, otros bajarán de condición, y otros fracasarán por completo, *pero a la hora de las comparaciones, siempre existirán desigualdades, porque es lo lógico y natural.* Sin libertad, bien podrían culpar por la desigualdad en que viven a quienes los tengan sometidos. Pero nunca deben culpar a otros por la desigualdad material en que estén si tuvieron las mismas libertades y oportunidades para hacer lo que quisieron. En libertad, siempre habrá personas deseosas de superarse, de mejorar, de ser más que los demás, de buscar mayor comodidad y de llegar a ser importantes. *Pero una persona, o un pueblo trabajador que se haya superado, no puede tener culpa de que los otros no estén en iguales o mejores condiciones económicas.*

¿SE TRABAJA MENOS POR TENER MÁS DINERO?

Los marxistas señalan que los capitalistas pueden vivir sin trabajar. Pero, como bien lo dice la sabiduría popular: *Del dicho al hecho hay mucho trecho:* ¿Acaso son raros los patrones que trabajan más horas al día que sus empleados y trabajadores? ¿O será acaso que los administradores de empresas estatales trabajan más que los propietarios de empresas particulares en los países con sistema de libre empresa?

¿Cuántas veces escuchamos criticar a propietarios por su pobre manera de vivir, no obstante y poseer grandes propiedades? *Que viven pobres y mueren ricos.* Esta forma de ser tan frecuente entre los productores de nuestra natal región ganadera de Perijá, fue lo que inspiró a un gran personaje de la misma, Remigio Rincón, el popular "Perico", a una de sus célebres frases: *"Los perijaneros son como la yuca,* (tapioca) *hasta que no se entierran no producen"*. Quería decir, que mientras vivían muy pocos se daban cuenta de la fortuna que poseían, y que sólo después de muertos y enterrados se sabía de los grandes capitales que tenían.

Hoy, la inseguridad política y personal existente en Venezuela, los secuestros y asesinatos, el irrespeto a la propiedad privada, las invasiones de fincas y terrenos y su posible confiscación en cualquier momento, lograron, no solamente que los productores del campo trabajen ahora con menos entusiasmo y tomen las cosas con más calma, sino que también aprendieron a disfrutar más de lo que tienen.

El caso completamente opuesto a la manera de vivir de los productores de la región, lo encarnaba el mismo personaje Remigio Rincón: Un sencillo vendedor de vehículos, pero estimado por su manera sencilla de vivir: Siempre alegre, bien vestido, un buen coche, y no había fiesta ni baile en alguno de los pueblos de la región que no contara con la presencia simpática del popular "Perico", siempre bien acompañado. Estos casos no son raros ni excepcionales, y se ven o se escuchan anécdotas de personas como éstas en todos los pueblos o ciudades. *Lo que deseamos es dejar claro*: Que el rico no siempre vive mejor que el pobre, ni el pobre vive siempre peor que el rico. *Y esto, considerándolo desde una perspectiva exclusivamente material, porque si lo analizamos desde el punto de vista espiritual, o de la felicidad interna de la persona que es precisamente la que más cuenta, sin duda encontraremos gente más feliz en los barrios y sitios más pobres de las ciudades, que en los sectores más acomodados de la sociedad.*

EL MITO DE LA DISTRIBUCIÓN DE LA RIQUEZA

Mucho se ha especulado sobre la supuesta *"Distribución de la Riqueza"* como la fórmula para acabar con la pobreza. Como el remedio para elevar el nivel de vida de los que muy poco o nada tienen. Y lo escuchamos a cada rato en boca de dirigentes políticos y religiosos, y de sus intermediarios "analistas" y periodistas.

Esta es una de las grandes falacias de los últimos tiempos. Naturalmente que algunos bienes se pueden distribuir en un momento dado entre los más necesitados. Pero esto jamás llevará a los pobres a un bienestar duradero. Probablemente, lejos de contribuir a mejorarles el nivel de vida, lo que haga es empobrecerlos más. El gran error o confusión mantenido a través de muchos años consiste en percibir los hechos al *revés* de lo debido. *En ver falsamente la riqueza como si ésta siempre hubiera existido. Y como si algunos vivos o aprovechados se hubieran apoderado de ella, y nada le hubieran dejado a los demás.*

Si llegamos a alguna región del mundo desconocida, y encontramos a todos los habitantes de esa región viviendo en forma primitiva, plagados de enfermedades, desnutridos y en la más extrema pobreza, a nadie podríamos culpar, ni decir que están mal porque no se distribuyeron la riqueza. En efecto, *¿a quién podríamos culpar si todos viven en estado de pobreza?* Pero si al momento de llegar a esa región encontramos a unos viviendo mejor que los demás, que se las ingeniaron para construir y tener mejores casas, que sembraban y comían mejor que los demás, entonces probablemente *sí les criticaríamos* por la desigualdad en que viven. *Es aquí cuando razonamos y actuamos al revés*: En vez de reconocer el mérito a los que se esforzaron y progresaron, y procurar entusiasmar a los que aún viven en forma primitiva para que se superen también, pensamos por el contrario en quitarle a los que se esforzaron para darles a quienes nada hicieron. Pensamos en quitarle a los que con mucho trabajo y sacrificio progresaron, para dárselo a quienes ningún esfuerzo hicieron. Esto por supuesto *desanima a los que se esforzaron, y acostumbra mal a los que nada hicieron.*

Actualmente es muy raro que se critique a un pobre por su despreocupación, o por su poco espíritu de superación. Tampoco criticamos a una persona de clase media que haya tenido un negocio estancado por muchos años: con el mismo personal, con el mismo mobiliario, y que muy poco contribuye al progreso de su país. Pero en cambio criticamos a los que hicieron crecer sus negocios, a los ambiciosos, a los que prosperaron, a los que ahorraron y se esforzaron, a los que tuvieron buenas ideas y las hicieron realidad, a los que ampliaron sus fábricas o hicieron otras nuevas, a los creadores de nuevos empleos, a quienes nos proveen de alimentos y bienes que necesitamos y compramos, a los creadores de nuevos bienes y servicios y los llevan al mercado. Mejor dicho, *criticamos a quienes crean la riqueza y el bienestar, como si les hicieran un mal a los demás.*

Ni el oro, ni las piedras preciosas, ni materia prima alguna que se encuentre en la naturaleza, pueden por sí mismas generar riqueza o darle a alguien bienestar. Lo único que crea riqueza y bienestar es el trabajo creador.

El oro y las piedras preciosas valen, solamente, cuando ya existen personas superadas con el esfuerzo y el trabajo, que crearon y poseen bienes, y ahora pueden darse el lujo de cambiar parte de esos bienes o riqueza: comida, vestido, vivienda, etc. por cosas como el oro o las piedras preciosas, que casi solo sirven para mirar o lucir. Y aún así hay que trabajarlas para que luzcan.

Para estos primitivos del ejemplo arriba indicado, de haberlos encontrado pisando sobre oro y jugando con diamantes, ¿acaso les habría podido servir para mejorar el nivel de vida y salir de la pobreza? En nada podían beneficiarles, hasta el día que llegaran personas poseedoras de riqueza y ofrecieran cambiarles el oro y los diamantes por cosas que si pudieran ayudarles: unos insignificantes anzuelos y cabuya para pescar, o sierras, clavos y martillos que les ayudaran a fabricar mejores viviendas, o agujas e hilo para tejer, o semilla para sembrar. Y lo más importante: enseñarles a trabajar, así como las ventajas de la eficiencia, la voluntad y la constancia.

*La riqueza no se distribuye, **la riqueza se crea**. **Y se crea con trabajo**. Sobre todo si va acompañado de buenas ideas, constancia y el deseo de superación.* Y si queremos que llegue también a los demás, jamás obstaculicemos a aquellos que la crean, sino por el contrario, debemos facilitarles el camino. Tener siempre presente: *Que aquellos que progresan son precisamente quienes crean la riqueza y bienestar.* Que ganamos mucho más enseñando a trabajar y a producir al que no tiene, que quitando a quienes hacen la riqueza para darle a quienes no producen nada. *Y que en vez de criticarlos, debemos ponerlos como ejemplo a los demás.* Y entusiasmarles y condecorarles para que se multipliquen, y así contar con más personas generando riqueza y bienestar. Y aprender de su trabajo, de su organización, de sus ideas y experiencias.

Jamás pues, obstaculicemos a quienes crean la riqueza porque es como negarle a los demás -sobre todo a los más necesitados- la prosperidad y el bienestar. Y tener siempre presente que una cosa es que las personas regalen espontánea y voluntariamente de lo suyo, y otra muy distinta obligarlas a dar.

Acabemos pues con el mito de la distribución de la riqueza. Que nada conseguimos viviendo a expensas de los demás. Que todos estamos en la obligación de superarnos. Que muchos logros podemos alcanzar cuando hay interés y voluntad. Y que el trabajo, el esfuerzo y los sacrificios que se hacen siempre son recompensados.

Pero conste que nos referimos a los verdaderos creadores de riqueza. A aquellos que se hicieron a fuerza de trabajo y sacrificio. Porque, lamentablemente ahora hay muchos millonarios que no son verdaderos empresarios ni creadores de riqueza. Que se hicieron con dineros mal habidos, la mayoría testaferros de aquellos que "justifican todos los medios para conseguir sus fines". Cuidémonos de ellos.

¿ES POSIBLE ELIMINAR EL CAPITALISMO?

El capital existe en todos los sistemas de gobierno. Y existirá aún en aquellos más perfectos que estén por venir. Porque en todo país existen bienes o riqueza que el hombre ha creado en su afán de superarse, y cada uno de esos bienes tiene un valor: el que le asignamos al compararlos con otros. Y cada uno o sumados unos a otros, es lo que llamamos capital, o capitales. Lo que deseamos es dejar muy claro que: *El capitalismo no se elimina de ninguna manera, que siempre existirá,* pero sí puede cambiar de manos. Por ello, *lo importante es saber de qué manera se beneficia más la población, y de qué forma las personas tienen más libertades y están menos sometidas:* si bajo la dirección o administración de sus propios creadores, herederos o posteriores propietarios, o bajo la dirección de quienes se apoderan de esos capitales para monopolizarlos en una persona, o en un partido político.

Repetimos, llámense capitales, bienes o propiedades, *existen en todos los países del mundo. La diferencia radica: en manos de quién se encuentran. ¿Quiénes disponen de ellos? ¿Quiénes los administran? ¿Quiénes son realmente sus propietarios? Si están repartidos entre millones de personas, lo que llamamos capitalismo privado, ejemplos: Estados Unidos, México y Canadá, o si están monopolizados, o sea: en manos de uno sólo o de unos pocos, llámese Estado, partido, o Fidel (ejemplo: el caso cubano).* Aunque también hay muchos países con capitalismo mixto, donde muchas empresas de servicio las monopoliza el Estado. En este caso *lo importante es saber de qué manera se beneficia más la población, o sea: cuáles empresas dan mejores precios, cuales dan mejor servicio, cuales pagan mejor a sus empleados y trabajadores, cuáles pagan más impuestos, y cuáles progresan más:* Si aquellas que monopoliza el Estado, o aquellas que están en manos privadas compitiendo entre sí. Y esto es fácil de saber, *comparando* los precios y la calidad del servicio que dan algunas empresas estatales de Europa, -que sean autosuficientes y no tengan ayuda del gobierno- con empresas similares privadas de Estados Unidos. Y este estudio lo puede llevar a cabo –si es que no lo ha hecho- toda universidad que realmente se preocupe por el bienestar de la gente, así como cualquier medio de información y opinión.

En los países con sistema de libre mercado y libre empresa, el Estado *se limita* mediante impuestos a obtener los fondos suficientes para la ejecución y mantenimiento de obras públicas: parques, carreteras, etc. Para velar por la educación, la salud y la seguridad personal de todos, y por los que necesiten de asistencia social. En este caso, los propietarios quedan con la mayor parte de las utilidades para destinarlas a lo que ellos precisen más conveniente, pues obviamente, son los que más conocen los problemas inherentes a su negocio.

En cambio, ocurre lo opuesto en los países donde las empresas y capitales los monopoliza el partido o el "Estado". Por más que pretendan hacerle creer a la gente que los bienes o capitales pertenecen al pueblo, *en la práctica siempre serán de quienes los poseen y deciden todo sobre ellos*. O sea que, contrariamente a lo que a mucha gente le hacen creer, *los capitales en vez de distribuirse, lo que hacen es concentrarse en menos manos, en menos personas, y probablemente en manos ineptas*. Al final de cuentas, *quienes mandan y deciden todo sobre ellos,* llámense como se llamen, *en la práctica son los únicos dueños o propietarios*.

El capital pues, no se elimina de ninguna manera. Lo que puede hacer es cambiar de manos. O está repartido entre millones de personas, generalmente en manos de sus propios creadores, herederos, o adquirientes posteriores, o está en manos de quienes detentan el poder.

¿DÓNDE HAY MÁS POBRES?

Una particularidad de los regímenes impositivos marxistas es que rebajan al hombre a la categoría de animales domésticos: Como los caballos o los camellos, a los cuales criamos para el trabajo o para competir. O como las vacas y las gallinas a las cuales criamos para que nos den o nos sirvan de alimento. O como a los perros, a quienes también alimentamos, cuidamos y enseñamos muchas cosas, pero siempre a nuestra conveniencia y propio beneficio. *Pues lo mismo que a nuestros animales sucede a las personas que viven sometidas en las dictaduras de izquierda: Se las tiene encerradas y vigiladas todo el tiempo. No les permiten emigrar o vivir donde les plazca. Aprenden lo que sus amos ordenen o les permiten. La información o educación que reciben es de acuerdo a lo que sus amos desean que vean, lean o escuchen. Incluso, hasta les racionan los alimentos, e igual deben conformarse con las medicinas y la atención veterinaria que les den. Para colmo, <u>les condenan de por vida a tener que obedecer.</u> Para esta clase, la de los eternos marginados, es realmente la pura igualdad: <u>ser todos pobres, esclavos del sistema, y sin la certeza de un futuro mejor porque no depende de ellos.</u>*

¡Que dónde hay más pobres! ¿Acaso no es en estos regímenes totalitarios en donde, exceptuando a los únicos dueños o amos absolutos del país, *todos deben conformarse con ser obreros o empleados de la clase gobernante: Únicos ricos que disponen de todo lo existente,* mientras que el pueblo marginado completamente de la política y de los medios de información y opinión, *está condenado de por vida a ser como el ganado en una explotación ganadera,* atenido a lo que el dueño crea conveniente? *¿No es precisamente en estos países donde hay más pobres? ¿Es ésta la <u>igualdad</u> que* tanto pregonan los enemigos de la libre empresa: *ser todos pobres, esclavos del sistema, y sin esperanza de una vida mejor?*

Pero es bueno señalar, que todo tiene sus ventajas y desventajas: Que en los países democráticos con sistema de libre empresa, por ser de plenas libertades, las personas son más entusiastas y emprendedoras que las que viven en aquellos países donde todos los medios de producción están en manos de unos pocos. Pero también debemos decir que la vida en los países libres es más estresante, pues cada quien debe preocuparse por su porvenir. En cambio, en las dictaduras de izquierda, la responsabilidad recae sobre los funcionarios. El problema es que éstos se preocupan más por ellos mismos, mientras que el pueblo queda de manos atadas aguantando todo tipo de privaciones. Todo ello es de gran importancia a la hora de tomar en cuenta al sistema político que lleve la mayor suma de bienestar y felicidad a las personas.

Por otro lado, en todo país, y sea cual sea el sistema de gobierno, necesariamente deben existir todas las ocupaciones: Desde administradores, ingenieros, médicos, mecánicos, enfermeros o agricultores, hasta los más indispensables obreros. Lamentablemente no todos pueden ser jefes, pues para serlos, deben tener a quien mandar, deben tener subalternos, y éstos son la mayoría. O sea que en todo país, sea cual sea su sistema político, alguien debe desempeñar los trabajos de menor rango. No es posible evitarlo. Deseamos aclararlo porque muchos en su imaginación podrían concebir un mundo igualitario, sin subordinados y por lo tanto sin jefes, y esto es imposible. Lo importante es que a toda persona se le respeten por igual sus derechos fundamentales. Que todos puedan comunicar públicamente sus ideas a sus semejantes sin interferencias de nadie. Que todos tengan oportunidad de estudio y superación, y que las diferencias las hagan sus propias limitaciones o capacidades. Que todos puedan trabajar en lo que gusten, mientras sean capaces de ganarse la vida en ello. *Y que todos estén amparados por una buena seguridad social, tal como existe en países desarrollados <u>respetuosos de la propiedad privada</u>*, y en donde hasta los trabajadores de menor nivel viven mejor que aquellos que viven sometidos en regímenes totalitarios de izquierda.

¿ES POSIBLE ELIMINAR TODA POBREZA?

Debido a películas o reportajes televisados que muestran gente en países desarrollados hurgando en pivotes de basura, posiblemente para hacernos creer que hay mucha pobreza, es necesario aclarar lo siguiente: En una sociedad donde todos pueden y tienen la libertad para hacer con su vida lo que desean, será muy difícil no encontrar personas viviendo en condiciones miserables. Por la sencilla razón de que lo prefieren, o se "ganan" estar en esa condición. Nos referimos a individuos que por circunstancias de la vida se entregaron o dejaron vencer por las drogas o el alcohol, y son rechazados, no solamente por su familia, sino por toda la sociedad. Y aunque se han creado instituciones para ayudar a estas personas, de las cuales ciertamente muchas vuelven a una vida normal. Siempre hay otras nuevas que caen en el vicio, o que recaen, y se suman a las que no aceptaron ayuda. A éstas hay que sumar los vagabundos y limosneros que prefieren vivir de esa manera, sea porque no les gusta que los manden, o porque no les gusta trabajar. Lo que deseamos es aclarar, que mientras el sistema los deje vivir así, bien que sea en un país donde los medios de producción y de servicio estén en manos de unos pocos, o en uno donde los medios de producción estén en manos de millones de propietarios, siempre habrá gente que prefiera vivir de esa manera. Y que la única forma de no ver a estas personas, es prohibiéndoles vivir así, y obligándolas a trabajar, como lo hacen algunos regímenes totalitarios de izquierda. Aunque de esta forma pierdan un sagrado derecho como lo es: el de vivir como quieren, así sea pidiendo limosnas o recogiendo sobras en los pipotes de basura. Este es el caso en Estados Unidos. Es cuestión de decidir por votación popular que es preferible: si obligarlas a trabajar perdiendo un derecho fundamental, o dejar que vivan como quieran y sean ignorados por los medios de información. Pero también debemos decir que si en países con regímenes como el cubano, permitieran buscar comida en los pipotes de basura, seguramente nadie lo intentaría porque saben de antemano que van a perder el tiempo, que nada van a encontrar.

¿QUÉ OCURRE CON LAS GANANCIAS DE LOS EMPRESARIOS?

Veamos lo qué sucede con el dinero de las personas que ganan mucho en los países de libre mercado y libre empresa. Pensemos en Don Antonio, quien tiene una gran empresa con la cual gana mucho dinero. ¿Qué hace, o qué podría hacer este señor con todo este dinero? En primer lugar no puede dejarnos sin comida, no tiene más que una sola boca, un solo estómago, un solo cuerpo y no comerá más de lo que generalmente comen otras personas. Y a veces hasta menos, pues, como todo mortal, también se enferma o puede hacer dieta. ¿Será que quema los billetes encendiendo tabacos como podrían pintarlo por allí? Ni aún así podría perjudicar a nadie, pues, como todos bien sabemos, sólo se necesita papel para reemplazarlos, además, todos terminan quemados cuando están viejos. Pero vamos al grano. ¿Qué puede hacer Don Antonio con todo ese dinero que produce su empresa? Si ésta estuviera en un país con un régimen como el cubano, donde los capitales los maneja el pequeño grupo que detenta el poder, probablemente no habría dado utilidades, y en el caso de haberlas, éstas pasarían a los bancos y allí los planificadores del partido deciden su destino. En un país con sistema de mercado y libre empresa, las utilidades de Don Antonio también van a un banco, y allí solo les queda una alternativa: *Producir*, pues naturalmente los bancos no deben tener dinero ocioso por las pérdidas que les acarrearía, por lo tanto deben ponerlo a circular, deben ponerlo a producir. Y si Don Antonio no reinvirtió el dinero, bien porque estaba enfermo, desanimado, o frustrado de los malos políticos que solo le ven como a un explotador, serán los bancos quienes tendrán la tarea de distribuirlo en préstamos de todo tipo a medianos, a grandes, o a pequeños empresarios que comienzan entusiasmados con grandes aspiraciones. Naturalmente, es probable que debido a la inexperiencia o incapacidad de algunos que comienzan, una parte del dinero no pueda lograr su cometido, pero de todas maneras el dinero se distribuye cumpliendo su labor social.

Y si las cosas marchan políticamente bien en el país, y nadie obstaculiza el trabajo de quienes desean crecer y prosperar, probablemente sea el propio Don Antonio con su experiencia y capacidad demostrada, y con ayuda de su gente de confianza, quien se anime a reinvertir el dinero, bien ampliando su empresa, o fundando otras nuevas que evidentemente generarán más empleos, más bienes o alimentos, o más servicios que pudieran faltar o escasear en el mercado. Son personas como Don Antonio las que hacen el progreso en todo el mundo. Son las grandes creadoras de riqueza y bienestar, tanto en los países desarrollados como en los subdesarrollados. Y de las cuales también debemos decir, que usualmente son las que tienen la mejor organización, y las que pagan mejor a empleados y trabajadores. *Es a estas personas a quienes debemos admirar, estimular o imitar,* y no por el contrario criticarlos e imaginarlos como los ogros enemigos de las clases populares como quieren que las veamos los enemigos de la propiedad privada, con su implacable desinformación y propaganda. Son personas como Don Antonio las que benefician a toda la humanidad, porque su progreso se traduce en riqueza y beneficio para todos. Y por más empresas que tengan, no le quitarán el pan a otras personas, sino por el contrario, al expandirlas o fundar otras nuevas, generan más comida, más empleos, y más bienes y servicios, precisamente lo que hace el progreso, la abundancia y el abaratamiento de la vida. Son personas como don Antonio, las grandes creadoras de riqueza y bienestar, y de las cuales, debemos decirlo, también se benefician los enemigos de la libre empresa, y hasta probablemente más que sus propios creadores y propietarios. Además, todos morimos, y estos grandes hombres también, pero las empresas quedan allí produciendo y engrandeciendo al país y al mundo para beneficio de todos. Y no seamos egoístas para verlos con malos ojos cuando viajan o compran residencias o vehículos de lujo. ¿Acaso no son estas cosas las que más entusiasman a trabajar, a crear y a producir? Y estos dineros que se gastan en comodidades, ¿no están igualmente cumpliendo una labor social, al darle trabajo y comida a otras personas que también necesitan trabajar y comer?

LA CREATIVIDAD DEL HOMBRE LIBRE

Todos conocemos los millones de productos que se venden en tiendas, supermercados, y en todo el comercio en general. Y cada día salen más. Y podemos decir que todos nacen de la iniciativa privada. Será muy difícil encontrar productos en el mercado cuya invención debamos a los enemigos de la empresa privada. Estos productos, al igual que las personas o empresas que los producen, no los habríamos conocido si no fuera por la iniciativa y el esfuerzo de la gente común y corriente que trata de superarse, que trata de mejorar económicamente, que trata de hacer dinero, y sobre todo de ser importante. Y esto es muy difícil de lograr en los países con regímenes totalitarios de izquierda. Pues, ¿qué interés tendría el partido o el Estado para crear o inventar un nuevo tipo de champú, o de mortadela, o de salsa, o de papel, o de refresco, o de vehículo? Pues bien, todos estos productos a través de los años fueron saliendo al mercado, a ellos nos acostumbramos, y ahora muchos nos son indispensables. Y hasta podemos estar tan acostumbrados a ellos, que nunca nos detuvimos a pensar que antes no existían. Pero, hasta productos primarios como el azúcar o la harina de trigo, están a la venta gracias a la iniciativa privada. De alguien que pensó en la refinación para hacerlos más puros y duraderos, y en ponerlos a la venta en el mercado como una forma de hacer dinero y llegar a ser importante. De no haber existido estas iniciativas privadas todavía estaríamos machucando la caña de azúcar para obtener un poco de jugo, pues hasta los trapiches y el papelón son también fruto de la iniciativa privada. O estaríamos pilando el trigo o el maíz con un mazo en nuestros ranchos. Y decimos ranchos, porque tampoco existirían la infinidad de materiales y herramientas que hoy son indispensables para fabricar una casa moderna, como son la variedad de bloques, cementos, vidrios, cabillas, maderas, cerámicas, fórmicas, pinturas, cables y tubos de todo tipo.

Son millones los productos creados e inventados por el hombre en su afán de superarse, de darse a conocer, de hacer dinero y de sentirse importante. *Y todos eran desconocidos hasta el momento en que sus creadores los introdujeron al mercado.*

Es al hombre libre a quien debemos la existencia, variedad y calidad de todas las cosas que hoy usamos y consumimos, así como casi todos los inventos y adelantos tecnológicos modernos. Es también al hombre libre a quien debemos la existencia y variedad de servicios, así como la invención de casi todos los deportes, juegos y entretenimientos. Y cada día salen más. **En cambio, ¿qué producto, qué servicio, o qué deporte de los que hoy compramos, usamos o jugamos debemos su invención o su producción a los cerrados regímenes marxistas?**

EL CONSUMISMO

Todas las comodidades que tenemos hoy en día se las debemos a hombres libres que quisieron ser diferentes a los demás. Que quisieron superarse. Que buscaron la forma de darse comodidades. Y que al tenerlas, lógicamente quedaron en desigualdad con los demás.

Y siguen inventando cosas para su bienestar. Sin embargo, las dictaduras marxistas, incapaces de producirlas, encontraron una palabra para criticar todo lo que inventaban y vendían los países libres, y le pusieron por nombre *"consumismo"*. Querían que las viéramos como cosas que no hacían falta. Era tal la manipulación y la campaña de descrédito que hacían, que hasta el mismísimo Papa en el Vaticano criticaba el "consumismo". Esto nos hace pensar que si los marxistas se hubieran instalado en todo el mundo cuando aún no habían inventado las sillas, probablemente aún estaríamos sentándonos en el suelo o en las ramas de los árboles, porque todo nuevo invento habría sido consumismo. ¿Se imaginan la enorme desigualdad que habría sido ver a alguien con su tremenda silla y los demás sin nada? ¿Acaso no habría sido consumismo el haberlas querido fabricar y vender? Probablemente la habrían confiscado para evitar la desigualdad y el consumismo. Hoy, una silla no puede parecernos consumismo. Pero así pasa con todo: los aires acondicionados nunca hicieron falta, hasta que se inventaron los primeros, a ellos nos acostumbramos y hoy son indispensables. Recordamos muy bien cuando salieron a la venta los primeros teléfonos celulares. Hasta leímos un destacado artículo en el principal diario de la ciudad criticando a esos artefactos y a sus primeros usuarios. Podemos jurar que quien escribió ese artículo posee en la actualidad por lo menos uno de último modelo, y le hace tremenda falta. Y es que realmente lo único indispensable es la comida. A nuestros hermanos que quedaron rezagados sólo les hace falta comida. Pues, ciertamente, las demás cosas sólo nos hacen falta luego de acostumbrarnos a ellas. Por lo tanto nuevas comodidades, grandes o pequeñas, para la izquierda habría sido consumismo. Así que menos mal que los enemigos de la propiedad privada no llegaron a instalarse en todo el mundo, pues habrían terminado con el consumismo, o mejor dicho, con el progreso y la evolución del hombre.

Y para darse cuenta de cómo nos manipulan a través de los medios de información y opinión, desde que los chinos se convirtieron en los primeros exportadores de productos no esenciales, gracias a los inversionistas occidentales y al regalo de Hong Kong por los ingleses, *ya muy poco se habla de consumismo.*

EL TRABAJO REMUNERADO

¿Quién fue primero, el huevo o la gallina? En verdad, nadie ha podido saber la verdadera respuesta, si fue el huevo para que naciera la gallina, o ésta para que pusiera el huevo. Igual sucede cuando tratamos de averiguar quién inventó el trabajo remunerado. O de quién fue la iniciativa, si fue del trabajador o del patrón. O cuando tratamos de saber cuál de los dos se beneficia más. O quién le hace más falta a quien, si el trabajador al propietario o éste al trabajador. Sin embargo, es probable que sea al trabajador a quien le haga más falta un patrón, porque hay gran cantidad de pequeños negocios o empresas atendidas por el mismo propietario y su familia; y este tipo de empresa, si la obligan a permanecer así, puede subsistir sin ningún problema. Pero aquellas personas que carecen de ideas para arreglárselas por su cuenta, dependen más de alguien que les pueda ofrecer algún trabajo. De lo que sí podemos estar seguros es que, hasta el día en que nació el primer trabajo remunerado, no existían asalariados ni patrones. Que alguna de las partes tuvo la iniciativa. Que de no haber existido un acuerdo entre las partes, no habría podido efectuarse la primera jornada de trabajo remunerado y voluntario. Y que estos acuerdos *voluntarios* entre patrón y trabajador, *solo pueden darse en el momento en que cada una de las partes vea su propio beneficio.*

Supongamos que usted tiene un pequeño negocio de compra y venta en su propia casa. Y usted mismo se encarga de comprar y vender. Usted nunca ha sido patrón. Y como no tiene trabajadores, tampoco tiene preocupaciones de pago de salarios, ni de que lleguen tarde o falten al trabajo, o puedan sustraerle mercancía. Le gusta su trabajo, y abre y cierra el negocio a la hora que desea. Pero un día se presenta alguien necesitado pidiéndole trabajo. Y hasta le ofrece trabajar por poco dinero. Usted lo piensa, ve la oportunidad de ayudarlo a él, y también de aprovechar su tiempo para cosas más importantes, por lo tanto lo contrata para ver como resulta. Aquí vemos el comienzo de una relación laboral, un trabajo remunerado. Ahora bien ¿el hecho de acceder a emplear una persona quiere decir que la va a explotar, que la va a perjudicar? ¿Quién le hace más falta a quién? ¿Acaso no podrían salir los dos beneficiados?

Ahora, supongamos que le va bien en su negocio y decide ampliarlo: busca un sitio apropiado, le hace un préstamo al banco para surtirlo con garantía de su casa, y emplea a más personas. Usted inicia una pequeña empresa en donde todos deberían salir beneficiados: sus trabajadores con un empleo permanente, los clientes satisfechos de contar con buen servicio y buenos precios, y usted con utilidades adicionales que, además de aumentarle el nivel de vida, podrían servirle, como a toda persona ambiciosa, para seguir ampliando su empresa, y quizás hasta convertirla en una gran cadena de tiendas por departamentos. Ahora bien. ¿Ha perjudicado usted a la sociedad? ¿Acaso no son los trabajadores los principales beneficiados? ¿No necesitaban ellos más de usted que usted de ellos? Usted con su idea está beneficiando a mucha gente: le da empleo a personas que no tenían trabajo, beneficia a la población dando un servicio esmerado, y contribuye a que prosperen otras empresas con el poder de compra que ahora tienen sus trabajadores, y con el de su propia empresa que debe proveerse de mercancía, equipos, repuestos y todo lo necesario para el servicio que presta. En conclusión, usted es un gran benefactor. Y hasta podría decirse que usted mismo se ha explotado, pues anteriormente vivía más tranquilo atendiendo personalmente su negocio, hasta que se le metió en la cabeza esta idea para cargar sobre sus hombros con una gran responsabilidad: ser el único que se preocupaba con los problemas y las deudas del negocio, muchas veces no dormía, y hasta perdió su salud. En cambio, sus empleados cumplían con su horario de trabajo y se iban sin preocupaciones a su casa. Es probable que al trabajador le haga más falta un patrón, que a éste el trabajador. Sin embargo, pocas veces escuchamos que el patrón esté beneficiando al trabajador. Todo depende de quién sea el patrón: Si es el Estado o el Partido, estos benefician al trabajador así lo tengan esclavizado. Pero si es un particular, éste es el único beneficiado y los trabajadores son explotados, así trabajen menos, ganen más y estén más contentos con su trabajo.

LA "PLUSVALIA"

Marx señalaba que la plusvalía era *la diferencia* que existía entre el valor de los bienes producidos y los salarios que recibían los trabajadores por producirlos, y que esta diferencia se la guardaba el patrón. Así de simple. No se percataba de la gran cantidad de circunstancias que entran en juego para que pueda producirse la plusvalía, o mejor dicho para que pueda producirse la utilidad.

Hoy está más que demostrado que la cantidad de trabajo necesario para producir una mercancía es desigual en todas partes, dependiendo del cerebro que dirija el medio y la forma de producción. Que la plusvalía puede haberla o no, dependiendo igualmente de la eficiencia y el modo de producción.

Pero no sólo hay que buscar eficiencia y rendimiento en el trabajo para conseguir algo de plusvalía; también hay que evitar los desperdicios de materia prima, el usar materiales o productos inadecuados, la rotura de equipos, el extravío de utensilios y herramientas, e infinidad de detalles que hacen posible el ahorro de dinero para poder lograr plusvalía. Del mismo modo hay que tratar de lograr *calidad* en lo que se produce para ganarse la confianza del consumidor. Aunque esto es más generalizado *en los países de libre mercado y libre empresa, o sea en los países donde existe competencia.* Pues en aquellos países donde el Estado monopoliza la producción, las personas no tienen otra alternativa que conformarse con los productos que puedan conseguir, o lo que el Estado les ofrezca. Obviamente, *esto significa peor calidad de vida para las personas que viven en las dictaduras marxistas, y mejor calidad de vida para las personas que viven en los países con sistema de libre empresa.*

La plusvalía es también la que permite a la empresa crecer, invertir en nuevos equipos para modernizarse, producir mayor cantidad de bienes y servicios, realizar trabajos de investigación, darle a la empresa un adecuado mantenimiento, y crear los nuevos empleos para satisfacer los requerimientos de la población. Pero lo más importante para conseguir plusvalía, es la organización y la coordinación.

Sean privadas o del Estado, en cualquiera de los casos, las empresas deben obtener plusvalía si se quiere proveer a la población de los necesarios alimentos, bienes, servicios, y aumentar la oferta de trabajo debido al aumento poblacional. Si se repartiera la plusvalía entre los trabajadores, las empresas no progresarían, se estancarían, y por último fracasarían. Porque cuando no hay el debido aumento de bienes y servicios, da lugar a la escasez, colas (filas) y racionamientos, precisamente lo que ocurre en los regímenes totalitarios marxistas, no obstante el exiguo crecimiento de la población, debido a la imposición de severos controles demográficos como la forma más sencilla de atenuar la escasez de alimentos, bienes y servicios.

Para progresar una empresa, y con esta el país donde está, necesariamente debe obtener plusvalía. Fue precisamente en aquellos países donde se hicieron expropiaciones, estatizaciones o confiscaciones de empresas donde todos pudimos observar, no solamente que éstas carecían de plusvalía, sino también que se convertían en una carga para los contribuyentes al mantenerse de sus impuestos, entre otros, los de las empresas privadas que **sí** tuvieron plusvalía, los cuales se hubieran podido usar para nuevas obras públicas, o para mejorar las existentes, o en asistencia social, o en financiar nuevas industrias para el incremento de la producción.

Cualquier persona con la experiencia de fundar una empresa y progresar con ella, conoce estas realidades y sabe lo importante que es tener ganancia o plusvalía.

SI ES BUENO PARA LAS EMPRESAS, MEJOR ES PARA LOS EMPLEADOS Y TRABAJADORES

Algunas personas piensan, o les hicieron creer, que cuando las medidas que toma un gobierno benefician a las empresas, son malas para los empleados y trabajadores. O que para beneficiar a los pobres hay que perjudicar a las empresas. Afortunadamente las cosas no son así. Por regla general, cuando las medidas son buenas para la empresa privada, son mejores para el país y *para los empleados y trabajadores porque son los más beneficiados.* Porque al mejorar las condiciones económicas de la empresa, automáticamente mejoran las condiciones para crecer, para aumentar la producción, para aumentar la productividad, para enviar productos más baratos al mercado, para mejorar los sueldos o incrementar el número de trabajadores, o para ampliarla o abrir nuevas sucursales, todo lo cual redunda en *más empleos, mejores sueldos, mayor producción, más competencia, mas calidad en lo que se produce, y automáticamente más calidad de vida.* En cambio, cuando las medidas *golpean* al sector empresarial, *los más perjudicados son los empleados y trabajadores por los efectos contrarios nombrados anteriormente,* y porque probablemente tengan que despedir trabajadores, por lo cual aumenta el desempleo, disminuye la producción, el país se deprime, no existirán condiciones para aumentar los sueldos a quienes se lo merecen, y hasta podría aumentar la delincuencia como consecuencia del desempleo y el alto costo de la vida.

No es necesario recorrer el mundo para darse cuenta que: *Cuando prospera la empresa privada, todos progresan, especialmente, empleados y trabajadores.* Pero igualmente cuando las medidas la perjudican, el país se deprime y todos sufren las consecuencias.

Hace algunos años, Inglaterra pasaba por una de sus peores crisis: desempleo, inflación, déficit fiscal, y un estancamiento económico consecuencia de los anteriores gobiernos de izquierda que estatizaron empresas, y aplicaban impuestos cada vez más altos para enfrentar los hipertrofiados gastos burocráticos. Hasta que llegó una mujer con la cabeza bien puesta a poner las cosas en su lugar. Margaret Thatcher puso a valer otra vez a Inglaterra y fue reelegida como Primer Ministro dos veces consecutivas. *¿Y qué fue lo extraordinario que hizo?* Precisamente lo contrario de lo que generalmente hacen los gobernantes de izquierda, por un lado rebajó los impuestos, con ello les quedaba a todos más dinero para ahorrar o comprar, y a los inversionistas para invertir. Y por otro lado privatizó las empresas estatales convirtiendo en propietarios a empleados y trabajadores, disminuyendo la burocracia y logrando que más personas desempeñaran trabajos productivos. Pero Inglaterra no es un caso aislado. Casi al mismo tiempo, en los Estados Unidos sucedía la misma cosa: desempleo, inflación, déficit fiscal, aumento en las tasas de interés, etc., consecuencia del gobierno populista de Jimmy Carter, con la única diferencia de que en este país nunca existieron las empresas estatales. Ronald Reagan aplicó la misma política, por un lado disminuyó los impuestos y por el otro redujo los gastos burocráticos. Reagan igualmente sacó a su país de la recesión y del peligroso proceso inflacionario que se desarrollaba, y también fue reelegido.

Y si el aumento de los impuestos frena la economía de los países desarrollados, ¿qué podríamos decir de los subdesarrollados que necesitan mucho más del trabajo y del aumento de la producción?

Algunos parecen ignorar, que si les va bien a quienes producen y crean los puestos de trabajo, les irá mejor a los que necesitan de esos trabajos y de esa producción. Y es natural. ¿Cómo podrían las personas necesitadas conseguir trabajo o mejorar el que ya tienen, si quienes pueden ayudarles también les va mal? *¿Podría perjudicarse un país porque las personas progresen y adquieran bienestar como consecuencia de su trabajo y de sus ideas, que a la vez llevan bienestar a los demás? ¿Acaso no es el crecimiento económico de la gente lo que hace la riqueza de un país?* Si tienes una máquina de coser con la que haces pantalones, y alguien te obstaculiza su funcionamiento, ¿acaso no producirías menos pantalones? Igualmente, en la medida que obstaculizan a quienes crean la riqueza, en esa misma medida impiden el progreso y el desarrollo. Siempre lo inteligente es imitar los buenos resultados y apartarse de lo fracasado, y con más razón en política y economía, donde todos sufrimos las consecuencias. Por ejemplo: Si observas a dos cocineros que hacen tortas o pasteles, y a uno le quedan buenas y al otro le quedan malas, ¿cuál receta escogerías a la hora de querer hacer una buena torta?

Siempre lo más inteligente para ayudar a los más necesitados es facilitarle las cosas al que produce o desea producir. Por eso los mejores gobiernos son aquellos que les ayudan.

Otro grave error son los impuestos exagerados: El mal gobierno es el gran depredador que estrangula y asfixia a todo ciudadano dificultándole crecer y prosperar. Y más grave aún cuando no proporciona debidamente los servicios elementales, ni da un adecuado mantenimiento a los parques y carreteras del país, ni hace las obras públicas necesarias, porque prefiere llevarse el dinero a otros países, para desgraciadamente llevar la revolución de miseria a nivel internacional. *Además, todos sabemos que los impuestos nunca son buenos, aunque comprendemos que es un mal necesario, pero entre menos, mejor.*

CREACIÓN DE RIQUEZA A NIVEL MACRO

Otro error, tan común como el de la supuesta distribución de la riqueza entre personas, se comete también a nivel macroeconómico, cuando tratan de hacernos creer que existen países pobres por culpa de los desarrollados.

Por ejemplo, cuando habitantes de una nación desarrollada invierten y llevan parte de sus bienes en equipos, materiales, y personal calificado a países atrasados, sea para extraer algún mineral, o para instalar algunas fábricas, o para desarrollar alguna agricultura, como fue el caso de las inversiones de Occidente en África y América, o más recientemente en Asia. Al cabo de un tiempo, cuando ya el país está en plena transformación y miles de personas ya salen de la pobreza, comienzan los enemigos de la libre empresa a señalar diferencias de estatus entre la población, pero no positivamente, sino en forma negativa. Y en vez de agradecer a los inversionistas que una gran parte de la población se haya superado y ahora viva mejor en comparación de cómo vivían antes de su llegada, señalan por el contrario las diferencias de estatus como si éstas siempre hubieran existido, queriendo hacer creer a los más pobres, e incluso a muchos de los que mejoraron su nivel de vida, que no están en mejores condiciones económicas por culpa de los extranjeros que los vinieron a explotar. Que son pobres por culpa de los inversionistas extranjeros y de todos aquellos que ahora viven mejor, donde se incluye a los nativos que mejoraron e hicieron fortuna con la llegada de los inversionistas. Que son pobres por culpa de quienes ahora no pasan necesidades, y cuyo único pecado fue trabajar para superarse, y ayudar a crear riqueza.

Y es que a los partidarios de la libre empresa los culpan de todo. Por mucho bienestar, progreso y comodidad que hayan generado, los enemigos de la libre empresa siempre conseguirán algún lado reprochable para acusarlos. Incluso los culpan hasta de alterar o absorber algunas culturas primitivas. Aunque quizás, la única forma de haber evitado su alteración es haberlas dejado a su suerte. Por ejemplo, para que las tribus africanas o americanas siguieran tal como estaban hace mil años, ningún gobierno o personas ajenas a ellas debió ni siquiera visitarlas, empezando por el riesgo de transmitirse enfermedades para las cuales no estaban preparados. Era la única forma lógica de mantener esas diferencias, que son muchas, y las cuales distinguimos mejor cuando las distintas culturas viven separadas pero en regiones relativamente iguales en clima, suelos y disponibilidades de agua y recursos naturales. Pero cuando las culturas se unen, como es el caso de la colonización tanto en África como en América, la más desarrollada absorbe a la otra, no tanto por imposición, sino por evolución natural, pues nadie tiende a desmejorar, sino por el contrario, todo ser racional procura mayor bienestar, seguridad alimenticia, prevención y curación de enfermedades, y protección de su familia. *Pero siempre conservando costumbres o tradiciones*. Precisamente éstos fueron los cambios operados en todo el mundo al mezclarse los colonizadores con los nativos en regiones donde por miles de años los naturales llevaron una vida semisalvaje, en lucha constante contra las enfermedades, las inclemencias del tiempo, los insectos, y el ambiente salvaje que los rodeaba. Y es aquí en estos países con culturas distintas mezclándose entre sí, donde podemos observar el complejo proceso de evolución y cambio. Y de cómo las más desarrolladas absorben a las otras, no tanto por imposición, sino porque cada quien busca su bienestar. Y es en este proceso donde naturalmente se observan entre la población diferentes niveles de vida, pero siempre con la población primitiva viviendo mejor que antes. Esta integración o fusión natural puede tardarse cientos de años, y es durante este proceso evolutivo donde entran en juego prácticas políticas malsanas para ganarse el favor de los sectores menos favorecidos, con campañas bien orquestadas de desinformación, culpando a los más desarrollados de la alteración de sus culturas y tratando de hacerles creer a los más infortunados que están así por culpa de los que viven mejor. Esta era una de las más comunes y erradas aseveraciones sostenidas por la izquierda: culpar a los países más desarrollados de crear pobreza a los países que dieron en llamar del tercer mundo. Esto se lo creían hasta los propios intelectuales de Izquierda. Entre ellos hay un libro que el título lo dice todo: "Las venas abiertas de América Latina", de lectura casi obligada para los estudiantes en nuestras universidades: *Una verdadera recopilación de odio hacia los norteamericanos y a los ingleses.* Con este libro les inculcaban a los estudiantes un supuesto "desangramiento económico" que los países ricos le hacían a los pobres, además de la aparente explotación y dependencia económica de ellos. Estas eran supuestamente las causas de nuestros males, y serían los enemigos de la libre empresa quienes se encargarían de corregirlas. *Hoy sabemos muy bien el gran error en que estaban, y son precisamente los propios dirigentes de esos países, quienes ahora agotan todas las mañas para hacer que los capitalistas vuelvan a invertir o a "explotar y desangrar" a sus todavía atrasados países consecuencia de años de estancamiento.* Hoy nadie tiene duda que son los propietarios e inversionistas quienes crean la riqueza y el bienestar. Por eso el interés actual de los marxistas en persuadir a todos los grandes capitalistas del mundo libre a que inviertan en sus países. Sin embargo, *al no clarificar estas verdades, y seguir confundiendo a la población y causando males a los países de libre empresa, demuestran que realmente no desean un mundo globalmente desarrollado y sin necesidades, sino más bien: **Un mundo con un solo propietario.***

LIBERALISMO Y NEOLIBERALISMO

No confundamos Liberalismo con Neoliberalismo. O no permitamos que nos confundan, porque cuando escuchamos o vemos a supuestos "analistas" en los medios de información y opinión, casi nunca se refieren al Liberalismo, sino al Neoliberalismo, y en forma despectiva, pues cuando a él se refieren, lo acompañan de la palabra salvaje, lo que es una contradicción: No existe el tal Neoliberalismo salvaje, precisamente se llama así, por ser la moderna forma de liberalismo que permite la intervención del Estado tanto en el terreno jurídico como en el económico.

Por su parte, al liberalismo sí podríamos llamarle salvaje. Pero no fue invento de alguien. Es la forma natural que tuvieron las personas, desde que existen sobre la tierra, de cambiar o intercambiar una cosa por otra, y en la cual se apoyaron y prosperaron todos los países que hoy consideramos desarrollados.

Del liberalismo económico dicen los enemigos de la propiedad privada, que los únicos que se sacrifican son los pobres. ¡Con que facilidad se tergiversan las cosas después que algunos ya viven mejor que otros! ¡Como si los ricos de hoy no fueran precisamente los pobres de ayer!

El liberalismo económico o de libre mercado, fue realmente el único sistema, que en relativamente poco tiempo, fue capaz de crear suficiente riqueza y bienestar. El liberalismo demostró su especial capacidad para elevar el nivel de vida de los pueblos. Bolívar, hombre sabio y que fue testigo en su tiempo del progreso de muchos países, decía: *"La sociedad desconoce al que no procura la felicidad general, al que no se ocupa en __aumentar__ con su trabajo, talentos o industria, __las riquezas y comodidades propias que colectivamente forman la prosperidad nacional__"*. Pero no confundamos liberalismo con neoliberalismo, pues éste se caracteriza por el intervencionismo del Estado en las relaciones económicas que siempre existieron entre los individuos, así como en las organizaciones que crearon. Y es precisamente este intervencionismo con exceso de trabas o impuestos, el que llevó a muchos países al estancamiento o al fracaso. El Neoliberalismo es un liberalismo intervenido, dirigido, y por eso es un tremendo error referirse a él como salvaje. Y los que mejor lo soportan son los países desarrollados, precisamente por eso, porque ya están desarrollados. Pero sin lugar a dudas, entre menos intervencionismo mejor. La historia y la experiencia nos enseña que entre más liberal es la economía de un país, más rápido progresa. Esto lo podemos observar hasta en las mismas dictaduras de izquierda cuando se abren a los inversionistas privados, al libre mercado y a la libre empresa.

¿POR QUÉ AÚN HAY PAÍSES POBRES?

Algunos políticos pasan por alto que los países desarrollados también fueron pobres. Y que no les fue tan fácil llegar a ser lo que hoy son. Que fueron muchos los años de penalidades y sacrificios que pasaron, y largas las jornadas de trabajo que tuvieron que realizar, incluso, hasta los hijos más pequeños de cada familia. Todos debieron hacer el trabajo y los sacrificios necesarios para superarse. Y nadie pretendió que el Estado u otras personas los tuvieran que mantener. El desarrollo sólo fue posible cuando cada persona o grupo familiar trató de satisfacer sus propias necesidades.

Lamentablemente en aquel tiempo no podían obviar el período de mucho trabajo y disciplina por los cuales debían pasar los países para alcanzar el bienestar general.

Venezuela, al igual que otros países latinos, también debieran ser países desarrollados. Los venezolanos hemos tenido abundantes recursos económicos, y tiempo más que suficiente comparándonos con los Estados Unidos o Canadá, y tomando en cuenta que los colonizadores llegaron primero a tierras suramericanas. Más de cien años después llegaron los colonizadores a tierras norteamericanas.

Muy distintas serían las cosas si nuestros gobernantes hubieran tenido la mentalidad política, disciplinada y trabajadora que hizo prósperos a los países del norte.

Probablemente sea un error achacarle nuestros males a nuestra idiosincrasia, a nuestra muy legítima y alegre forma de ser. Recordemos que en este aspecto Estados Unidos es el más heterogéneo de los países del mundo. No solamente hay anglosajones, también hay un gran porcentaje de latinos, negros, indios, asiáticos y demás razas y mescolanzas que existen. Sin embargo, esto nunca fue un obstáculo para el progreso y el desarrollo. Allí los latinos también demostraron ser trabajadores, inteligentes y progresistas, y que pueden ser tan disciplinados y ordenados como los demás.

Desafortunadamente en Venezuela y en muchos otros países latinos, sobre todo en los últimos decenios, predominaron las influencias anticapitalistas, populistas, marxistas, o como quiera que les llamen. Los resultados, catastróficos. Igual ha sucedido en otros países con las mismas experiencias populistas, muy distintas a la cultura liberal y trabajadora que hizo prósperos a los países desarrollados.

Y no se trata de casualidades: Somos pobres por los daños que ocasiona la injerencia del gobierno en asuntos que no le conciernen. Somos pobres por el desprecio a los más elementales principios morales y religiosos. Somos pobres por dificultar el trabajo, al introducir términos como "explotación" y "lucha de clases", fomentando el odio, la indiferencia o el enfrentamiento de los trabajadores con los patrones. Somos pobres por usurpación de autoridad: en vez de estar los empleados públicos al servicio de la comunidad, es ésta quien queda sometida por ellos. Somos pobres por la expropiación de medios de producción que funcionaban bien en manos privadas, creando corruptelas de todo tipo, y desánimo y malestar entre la gente trabajadora y progresista. Somos pobres por la inseguridad jurídica y personal, al fomentar los desórdenes públicos, tolerar la delincuencia, y permitir las invasiones de fincas y terrenos, y la fabricación de ranchos (casuchas) violando sistemáticamente el derecho a la propiedad. Somos pobres por la desmoralización que causan en toda la sociedad con todas sus lógicas y dañinas consecuencias. Por el obstruccionismo y los cuantiosos y costosos trámites burocráticos. Por inadecuadas y excluyentes políticas cambiarias, y por sucesivas y empobrecedoras devaluaciones. *Somos pobres por las regulaciones de precios, por los impositivos e inflacionarios aumentos de sueldos y salarios, y por todos los demás obstáculos que deben vencer quienes tengan la iniciativa de querer hacer realidad algún proyecto o idea.* Pero sobre todo somos pobres, *__por la destructiva práctica de los enemigos de la empresa privada de justificar todos los males para conseguir sus fines, y protagonizar la corrupción en todos los aspectos.__*

Lamentablemente, nuestros gobernantes, muchos de ellos influenciados por erradas "enseñanzas" populistas totalitarias, nunca tomaron en cuenta los extraordinarios ejemplos y experiencias de los países que lograron el progreso y pleno desarrollo con economías de libre mercado, y en completa libertad. *Por ello, muchos países siguen en la pobreza, y millones de personas pasan hambre y necesidades. Invitamos pues a eliminar estas injustas y criminales prácticas, y esas infortunadas "enseñanzas" en nuestras casas de estudio, que desde hace tiempo vienen confundiendo a quienes después son protagonistas de injustas y deplorables situaciones socioeconómicas.*

Venezuela, con inmensos recursos económicos, *debería ser hoy un país súper desarrollado*, igual otros como Argentina, que antes de la llegada de Perón, se encaminaba a pasos agigantados hacia un total desarrollo, hasta que llegaron los populistas, anticapitalistas, marxistas o como quieran que les llamen.

¿DÓNDE OCURRE LA ACTUAL EXPLOTACIÓN DEL HOMBRE?

Anteriormente, en un mundo muy escaso de bienes y alimentos, cada quien trataba de trabajar al máximo y de hacer trabajar como la única forma para sobrevivir. Y como ha ocurrido a través de toda la historia del hombre, *así como había buenos patrones, también los había* **desconsiderados.** Esto lo aprovecharon los enemigos de la propiedad privada para culpar a <u>todos</u> los patronos de explotación. Desde entonces, se asocia la explotación al sistema de libre empresa. *Pero es debido a la Revolución Industrial, forjada precisamente por la libre empresa y la iniciativa privada, que pudo lograrse un* **_aumento explosivo de la producción_** *que permitió rebajar la jornada laboral y prohibir el trabajo de menores.* <u>*Lo que definitivamente no hubiera sido posible sin el aumento de la producción.*</u>

Pero en la actualidad, *¿dónde ocurre la verdadera explotación del hombre por el hombre?* Desde el punto de vista de los enemigos de la propiedad privada, la explotación depende de si le trabajamos a una empresa del Estado o a una particular. Por ejemplo: si usted trabaja en una empresa del Estado, así trabaje mucho y le paguen muy mal, eso no es explotación. Pero si trabaja en una empresa privada, puede jurar que lo están explotando, así trabaje menos y le paguen más.

Afortunadamente aún podemos pensar, y la lógica nos dice que: *Una persona es explotada cuando en el trabajo no puede, o no se atreve a protestar. Cuando tiene que conformarse con el trabajo y el sueldo que le den. Cuando en todos los lugares que tenga que ir a trabajar tropezará con el mismo dueño con el mismo patrón y no tiene más alternativa que aguantar y obedecer. Una persona es explotada cuando tiene que cumplir las condiciones que le impone su único patrón. Una persona es explotada, cuando de alguna manera es castigada por su único patrón y no tiene otra alternativa que aguantar. Una persona es explotada cuando no tiene a quien acudir para reclamar. Una persona es explotada cuando toda su vida está subordinada a su único patrón:*

81

llámese gobierno, partido, estado, amo, comandante, o como quiera que le llamen, que se apodera hasta de la gente, la cual tiene que obedecer. ¿Y en qué países y con cuál sistema ocurre todo esto? *¿Acaso no es en los países con regímenes totalitarios donde no existe la propiedad privada en los medios de producción y de servicio?* Naturalmente esto obliga a las personas a conformarse con el trabajo y el sueldo que le den, a tener que soportar las imposiciones de su único patrón, y a nunca protestar porque les irá peor. *¿Y a quién le puede gustar permanecer toda la vida sometido a ese poder?*

¡Qué distinto es cuando los medios de producción y de servicio están repartidos entre millones de propietarios! ¡Qué distinto es cuando el trabajador busca la mejor opción, y puede exigir y llegar a un acuerdo particular con el patrón!

Todos sabemos que lo importante es estar cómodo y contento con el trabajo, que lo traten bien, que lo tomen en cuenta como persona, que aprecien su esfuerzo, y que éste le permita cumplir con sus propósitos o metas. Pero esto es muy difícil de lograr en un régimen donde: *Nuestro destino lo deciden nuestros amos, y nuestro bienestar depende de ellos, pues* son los responsables de darle a cada quien el sustento. Ni podremos dejar de ser obreros o empleados y pasar a ser patrones, porque no nos permiten tener nuestros propios negocios. Y naturalmente, "no hay explotación" así estemos descontentos con el trabajo, con el trato, con el pago y con nuestro único patrón.

¿Cómo podría ser explotada una persona mientras tenga la libertad para escoger su trabajo, o para cambiar de patrón porque no le gusta el que tiene, o para buscar un mejor salario, o para montar su propio negocio porque no desea trabajarles a otros y quiere ser su propio patrón?

¿Acaso trabajarles a otros ya es explotación? ¿Por qué impedir a las personas trabajarles a otras, si lo desean, lo disfrutan más y se benefician más? ¿Por qué impedirles hacer con su vida y su tiempo lo que deseen mientras no perjudiquen a los demás?

Una persona es explotada cuando no puede cambiar de patrón a pesar de que no le gusta el que tiene. Una persona es explotada cuando sabe que su trabajo NO beneficiará a su familia, porque su bienestar depende de decisiones ajenas. Una persona es explotada en el trabajo, o fuera de él, cuando no se puede quejar. Una persona es explotada cuando no se atreve a exigir un mejor trato o un mejor salario. Una persona es explotada cuando no puede salir libremente de la región donde vive. Una persona es explotada cuando no puede dar a sus hijos la educación que desea, sea política o religiosa. Una persona es explotada cuando no le permiten montar su propio negocio. **Una persona es explotada cuando deja de ser persona y la convierten en animal.**

LOS ACTUALES AMOS Y ESCLAVOS

Decíamos en páginas anteriores refiriéndonos a la Igualdad: Que e*l mismo acto de quererla imponer, origina la desigualdad más grande entre quienes la imponen y a quienes a ella someten.* Divide a las personas en *dos clases muy diferentes*: *La clase gobernante, los modernos amos,* que despliegan un poder insolente que naturalmente, *nunca lo querrán dejar* para no tener que obedecer. *Y la clase sometida, los actuales esclavos,* a quienes se les hará muy difícil salir de ella, o mejor dicho acceder al poder. Crean la desigualdad más extrema y la peor distribución de riqueza. ¿Y a cuántos aún no les hacen creer que con los medios de producción en manos de un partido, de un gobierno, o de un tirano la gente estará menos sometida y en mejores condiciones económicas? ¡Qué diferencia con los países de libre empresa donde la riqueza se encuentra distribuida entre millones de propietarios! Y no por pura suerte o casualidad, ni porque alguien se las repartiera, sino porque ellos mismos la hicieron, heredaron o compraron. En cambio en los regímenes totalitarios marxistas, *éstos se apropian por la fuerza de la riqueza ajena y la concentran en un grupo reducido, o en un solo propietario.* Contrariamente a lo que pregonan, la riqueza se aglutina en menos manos, y generalmente en manos ineptas pues carecen de la capacidad y experiencia de sus propios creadores, fundadores, herederos, o posteriores propietarios. *La clase trabajadora es sometida y explotada por el amo todopoderoso (partido, gobierno o comandante) que todo lo controla e impone todas las reglas a las cuales todos tienen que obedecer.*

Y es que para ser esclavo no son necesarios los azotes. En la nueva versión el castigo mental puede ser superior al físico. *Al someter sus mentes, también esclavizan sus cuerpos. Es la forma más absoluta de esclavitud: de mente y de cuerpo.* Incluso pueden hacerlos suicidar cuando quieran. Es lo que hacen los jefes terroristas con los pobres musulmanes a quienes les colocan un cinturón, o les meten en un vehículo cargado con explosivos y los mandan a reventar junto a cientos de personas inocentes.

Esta esclavitud puede ser peor que la de años pretéritos. Porque los antiguos esclavos por lo menos tenían alternativas: estaban repartidos entre miles de amos, todos diferentes, desde los más despreciables e injustos, hasta los más generosos y de buenos sentimientos. Quedaban atenidos a la suerte del amo que les comprara. Y cuando les adquiría uno injusto, tenían la esperanza de un cambio de amo, muy dado a suceder, pues a los perversos generalmente les va mal, y en esto influían los propios esclavos al trabajar de mala gana y por ello terminaran vendidos. Otra diferencia de aquellos amos con los actuales era que muchos creían en Dios y en sus mandamientos, y esto les comprometía a un comportamiento más humano. Además, muchos deseaban sentirse apreciados por sus esclavos. En cambio, los actuales amos marxistas son ateos. Justifican todos los males para conseguir sus fines. Capaces incluso hasta de sacrificar a su familia, pues, lo importante para ellos es conseguir y mantener el poder.

¿EL PUEBLO AL PODER?

¡Cómo manipulan a la gente!

En primer lugar, *en los regímenes marxistas el pueblo no tiene poder alguno sobre quienes monopolizan el poder, a los cuales no pueden cambiar, ni castigar. La clase marginada **no decide** sobre la clase privilegiada.* En cambio éstos, los privilegiados, los únicos dueños o propietarios, sí deciden el destino y el futuro de los sometidos: lo que pueden leer, lo que pueden escribir, lo que van a aprender, lo que van a escuchar, las películas y la televisión que pueden ver, cómo y dónde van a vivir, que van a comer, e incluso hasta quienes van a vivir y quienes van a morir. Es la peor esclavitud. Olvídese amigo de que en este sistema pueda decirle a su jefe o patrón hasta de lo que se va a morir, a menos que quiera conformarse con un trabajo peor que el anterior. ¡Qué distinto es en un país con sistema de libre empresa! Donde sí al trabajador no le gusta el trabajo, o el sueldo, o el trato que le den, bien puede reclamar porque tiene *infinidad* de sitios donde ir, y de propietarios a quienes acudir. Y también puede ser patrón o propietario. En cambio en un sistema marxista, en el de los exclusivos y eternos propietarios, los obreros seguirán siendo obreros, los empleados seguirán siendo empleados, y los privilegiados dueños del capital y de la gente, seguirán siendo los únicos propietarios, sin importar que sean pésimos administradores, pues, naturalmente, *ellos mismos no se van a cambiar.* Y como siempre ha ocurrido, se perpetuarán en el poder.

Uno de los beneficios que atribuyen a estos regímenes totalitarios marxistas es que, supuestamente, a todas las personas les enseñan a leer y escribir. Y por qué no, si cuando se es dueño hasta de la gente, pueden hacer con ésta todo lo que deseen. Hasta pueden obligar a unos a enseñar a otros. Pero eso sí, *todo de acuerdo a las instrucciones del amo.* Con los mismos derechos que tienen los caballos y los bueyes, cuando el amo les enseña a llevar bien el carro o el arado.

Otro logro que atribuyen a estos regímenes es que supuestamente les atienden gratuitamente en la salud. También a los antiguos esclavos les daban la comida y se les atendía gratuitamente en la salud. Así como el granjero alimenta a sus animales, les vacuna y les da asistencia veterinaria de acuerdo a sus posibilidades para que le sigan rindiendo beneficios. *Pues, igual que a nuestros animales domésticos, las personas sometidas en estos regímenes deben acostumbrarse a lo que les den, y a lo que sus amos les permitan.* Sólo pueden leer, ver, escuchar, o aprender lo autorizado por el régimen, expresar lo que les permitan, y obligatoriamente deben cumplir con los horarios y el trabajo que les den. Ni siquiera pueden escoger el médico a su gusto, y deben conformarse con la atención veterinaria que les den. Tampoco pueden decir públicamente sus opiniones a menos que sean a favor del régimen, ni criticar a sus amos o al sistema sin el temor al castigo. Mucho menos protestar para que los dejen libres y dejen de ser esclavos. Porque obviamente, *si volviera la libertad*, regresaría la libre expresión y publicación del pensamiento, lo que a los amos no les gusta leer ni escuchar, ni que lo lean o escuchen los demás. Y tendrían que escuchar a los partidarios de la libre empresa y de los más elementales derechos: como el que tienen los más voluntariosos y capaces de ganar más y vivir mejor que los incapaces y los flojos, o como el que tiene toda persona de querer ser diferente a las demás, y a querer salir de la mediocridad. O como el derecho que toda persona tiene de establecer su propio negocio, que realmente le pertenezca, que nadie se lo pueda quitar, que pueda decir a plena voz que es suyo, y pueda hacer con lo suyo lo que desee mientras no perjudique a los demás. Que pueda ejercer el derecho a educar a sus hijos de acuerdo a su criterio, y no al de un partido político. O a creer en Dios y en su religión, y poder enseñársela a sus hijos. O a vivir como quiera y en la ciudad o país que se le ocurra, mientras no cause daño a los demás. Porque cuando el hombre se empeña en hacer algo, y no tiene al amo atravesado en su camino, casi seguro lo consigue.

¿MICRO EMPRESAS EN DICTADURAS MARXISTAS?

Una de las supuestas metas finales del marxismo, además del inexorable sometimiento de las personas a los dictámenes de un único partido, es que los medios de producción, servicio, opinión e información igual pasen a manos del "pueblo", partido, amo, o grupito que gobierna, todo lo cual viene siendo la misma cosa. No obstante, vemos como algunas veces, estando los izquierdistas en el poder en gobiernos supuestamente "democráticos", hacen pequeños préstamos a personas de escasos recursos, y que, para el fomento de microempresas. Lamentablemente, debido a esa perenne práctica de utilizar y justificar todos los medios para conseguir sus fines, nunca sabemos cuáles son sus verdaderas intenciones, ni siquiera sabemos cuándo mienten o dicen la verdad, pues hasta se engañan unos a otros. Pero suponiendo que efectivamente exista un propósito honesto de crear microempresas, entonces tropezamos con una contradicción: Si la meta final de los enemigos de la libre empresa es que toda empresa pase a sus manos, *¿por qué entonces, entusiasman a humildes ciudadanos haciéndoles creer que podrán tener sus propios negocios si el destino final es quitárselos al consolidar el poder?* ¿Será que ignoran que la gran mayoría de las pequeñas, medianas y grandes empresas que hoy existen en el mundo comenzaron como incipientes micro empresas? (exceptuando naturalmente aquellas hechas con dineros mal habidos de la corrupción oficial) ¿Será que ignoran los grandes sacrificios que deben hacer los nuevos empresarios donde se incluyen noches de vigilia y preocupación para lograr progresar o mantener a flote las nacientes micro empresas? ¿O será que desconocen que cuando las personas trabajan entusiasmadas por su cuenta y se trazan una meta, para ellas no existe horario de trabajo, ni días de fiesta, ni horas de descanso hasta lograr sus propósitos? ¿O será que los futuros izquierdistas sí van a permitir oficialmente el desempeño de las microempresas privadas? *Y siendo así, ¿cuál sería el motivo para exceptuar a las pequeñas y medianas?* Y si también van a permitir el

88

desempeño de las pequeñas y medianas empresas privadas, *¿cuál sería entonces el motivo para impedirles que se conviertan en grandes empresas? ¿Será que el gran pecado del "capitalismo" es que progresen las empresas? ¿Será que cuando éstas crecen, generando más bienes de consumo, más servicios, más empleos y mejor tecnología, le hacen un daño muy grande a las personas y a la economía de un país? ¿Qué razones podrían tener los economistas, sociólogos o ideólogos enemigos de la libre empresa, para impedirle a una pequeña empresa que emplee a más personas, produzca más y se convierta en una gran empresa? Y si sabemos que las empresas grandes pagan mejor a sus empleados y trabajadores, e incluso dan mayores beneficios, ¿por qué entonces la fobia a las empresas grandes o a sus propietarios? Y entonces, ¿cuál sería el límite en tamaño, capital y número de empleos para crecer una empresa? ¿En qué momento la deberían frenar o expropiar? ¿O será que los izquierdistas sólo van a permitir aquellas micro empresas cuyo único empleado sea el propio dueño, o cuando más a su mujer y a sus hijos, si es que los tiene y están en condición de trabajar?* Y si realmente no van a permitir ni la más pequeña empresa privada, ¿por qué entonces entusiasman a humildes ciudadanos haciéndoles creer que tendrán sus propias empresas, si el destino final es quitárselas? *¿Y cómo entonces podría prosperar un país? ¿Acaso los amos podrían procurarnos la infinidad y variedad de trabajos que a diario nos ofrece el libre espíritu creador y emprendedor que todos llevamos dentro?* ¿Existirían las amplias variedades de pequeñas, medianas y grandes empresas que hoy conforman los países desarrollados y subdesarrollados de haber impedido al proletariado realizar sus sueños personales? *¿Será que los izquierdistas desconocen que los propietarios de hoy eran precisamente los pobres del pasado que no querían seguir siendo empleados u obreros? ¿No sería mucho más difícil el progreso en todo el mundo si a todos nos conformaran con un empleo o un trabajo? ¿Qué país del mundo pudo superarse o desarrollarse con el partido como único dueño, patrón y empleador? ¿Existiría el progreso actual en el mundo si 150 años atrás hubieran instalado globalmente el totalitarismo* *marxista? ¿Acaso no es la ambición y la superación personal las que hacen la grandeza de un país? ¿No es precisamente el sistema de libre empresa el único que ha demostrado ser capaz de crear riqueza, bienestar, y elevar el nivel de vida de los pueblos? ¿Tan difícil es reconocer a los pobres de ayer sus ideas, su constancia, y el trabajo duro que tuvieron que realizar para llegar a ser lo que hoy son? ¿Qué razones podrían existir para negarle a la gente el derecho a poseer lo que logran con su trabajo o con sus ahorros, si buscando su bienestar también consiguen la prosperidad de los demás? ¿Cuál fue la causa del fracaso de todos los países que incursionaron en el marxismo totalitario, sino precisamente el impedir la superación del proletariado?* ¿Se imaginan viviendo en un mundo donde el único dueño, patrón y empleador sea el partido todo poderoso? ¿Por qué se les hace tan difícil reconocer a los pobres de ayer, el mérito a sus ideas, a su constancia, y al trabajo duro que tuvieron que realizar para llegar a ser lo que hoy son? ¿Por qué estar en contra de la superación de los pobres? ¿Podríamos conformarnos todos a vivir perennemente con lo que nos pueda dar el Estado? *¿Qué interés tendrían las personas en progresar sabiéndose condenadas para siempre a ser obreros o empleados de los únicos amos o propietarios?* ¿Hace falta acaso estudiar a los países desarrollados y a sus destacados hombres de empresa, para saber que eran pobres y lo duro que tuvieron que luchar?

Podemos afirmar, que en los dos últimos siglos, la rivalidad existente entre estos dos sistemas nos ha perjudicado enormemente. El uno muy agresivo, utilizando todos los medios para imponerse a como dé lugar, y el otro con muy pocos dolientes queriendo sobrevivir.

DE LA TEORIA A LA PRÁCTICA

Si hacemos a un lado el sometimiento, ya más que suficiente para escabullirse de los enemigos de la libre empresa. Y suponiendo que en el aspecto económico obtuvieran buenos resultados, *no habría tantas razones para temerles.* Pues incluso, con el tiempo, los más favorecidos podrían ser las mismas personas que generalmente se superan en el sistema de libre mercado y libre empresa, precisamente los mismos que generalmente se superan y llegan a convertirse en propietarios de medios de producción y de servicio. Y decimos generalmente, porque ahora hay muchos millonarios que no son verdaderos empresarios, sino testaferros de la izquierda que compran empresas con dineros mal habidos. Repetimos, si en la práctica los medios de producción y de servicio funcionaran bien en manos de un partido político, los más favorecidos podrían ser todos aquellos que en los países de libre empresa hacen grandes esfuerzos para sobresalir, como la forma más confiable y segura de llevar mejores condiciones de vida a su familia, sin estar atenidos a la benevolencia de quienes representen al partido o al Estado supuestamente protector y paternalista.

¿Y por qué decimos que serían los más favorecidos? *Porque son las personas que más se angustian y se preocupan por su seguridad económica.* Por eso hicieron y aún hacen grandes esfuerzos para superarse y salir de la mediocridad. Por eso millones de personas lo lograron, y por eso muchos más lo siguen intentando.

Si los regímenes totalitarios de izquierda realmente sirvieran, *¡qué bueno habría sido para todas aquellas personas que trabajaron y aún trabajan más de lo normal, y que a fuerza de trabajo e inquietudes lograron alcanzar una vida estable y un futuro libre de privaciones! ¡Qué bueno habría sido para aquellas personas que debido a las preocupaciones y al esfuerzo para salir adelante se enfermaron o envejecieron prematuramente! ¡Qué bueno habría sido para aquellas personas que debido a los desvelos, a la angustia y a las preocupaciones por mejorar sus condiciones de vida, murieron y no lo llegaron a disfrutar!*

Muchas de ellas creadoras de bienes y servicios de los cuales hoy todos disfrutamos.

Y es que debido a la incertidumbre propia del sistema de libre empresa, *son las personas que más se angustian, se preocupan, se enferman y hasta mueren más temprano. Aunque debemos reconocer que esta incertidumbre o inquietud es la que los lleva a ser creativos, a hacer el máximo esfuerzo, a crear nuevos medios de producción y de servicio, a establecer nuevas industrias y comercios, y a introducir productos nuevos al mercado.* Productos que dicho sea de paso, hoy los vemos de lo más normal, pero que seguramente no existirían de no ser por la inquietud de estas personas. En cambio, en un sistema marxista que funcionara bien, ya no tendrían que preocuparse por su bienestar. ¡Qué bueno sería para estas personas y para todo el mundo si el estado o el partido pudieran proveerles (al igual que el sistema de libre empresa) de todo lo que pudieran necesitar! No sólo para vivir de la manera que desean, sino también para seguir realizando los proyectos en mente, y los que en un futuro se les ocurra concebir. Entonces ya no tendrían que preocuparse por su porvenir, ni por su seguridad y bienestar, como en sus inicios lo hacían para conseguir o conservar un buen trabajo, ni por trabajar sobre tiempo para obtener dinero adicional y poder ahorrar para acometer sus proyectos. Tampoco sufrirían por el temor a fracasar y quedar en la ruina.

Naturalmente, con un cambio de sistema, lo que más preocupa a todas estas personas que tanto bregaron y se esforzaron, es *la incertidumbre de su futuro.* Les preocupa y con razón que los marxistas en todos los países donde instalaron sus dictaduras, no fueron capaces de satisfacer las necesidades mínimas de la población. Les preocupa y con razón, que luego de tanto esfuerzo, pues era la única manera de asegurarse un futuro mejor, puedan ser entonces quienes las pasen peor. *Les preocupa y con razón, que luego de muchos y prolongados sacrificios para llegar a vivir mejor, todo se les derrumbe.* Que después de toda una vida de privaciones para surgir, todo se les venga abajo por culpa de personas, que hasta puedan ignorar el bienestar que ellos generaron, y que gracias a ellos existan en el mercado suficientes alimentos, bienes y servicios, de los cuales, dicho sea de paso, también se benefician los izquierdistas.

Tiene que preocuparles que después de haberse labrado una vida mejor, se tengan que conformar en adelante con lo poco que les den, o quieran dar, aquellos que nada crearon.

Les preocupa y con razón: Que les usurpen derechos y bienes, *siendo quienes más los merecen tener.* Que siendo los que más contribuyeron al bienestar de los demás, sean los más afectados. Que les impidan beneficiarse de los frutos de su esfuerzo y su trabajo, mientras que aquellos que nada hicieron, disfruten del esfuerzo ajeno.

Claro que sería muy bueno que el Estado fuera capaz de proporcionar a todos los ciudadanos suficientes bienes y servicios. Y mejor aún, si fuera en completa libertad. Pues no olvidemos que en libertad, por insignificante que parezca una persona, podría realizar cosas extraordinarias. Por eso prosperan los países libres, porque cuando las personas no tienen el obstruccionismo oficial, se las ingenian para lograr lo que quieren.

Por supuesto que sería muy bueno que los regímenes totalitarios de izquierda pudieran abastecernos de todo al igual que los países libres. Pero mientras tanto, *¿quién nos va a garantizar que no pasaremos privaciones, y que vamos conseguir todo lo necesario para vivir al igual que en los países libres?* Como por ejemplo: una mascota, y sus alimentos, accesorios y medicinas. O adquirir un bote con sus implementos para pescar o pasear.

Si realmente este sistema sirviera, y en él las personas fueran libres, deberíamos alegrarnos pues muchas cosas se nos simplificarían. Ya no tendríamos que angustiarnos por nuestro futuro, ni por trabajar sobre tiempo, ni desvelarnos por las noches pensando en cómo resolver los problemas al otro día. Ni preocuparnos por la contabilidad, ni del impuesto sobre la renta. *Serían los funcionarios del partido quienes en adelante, supuestamente se preocuparían, no sólo por ellos, sino también por los demás. Serían los funcionarios los responsables de que el pueblo no pase necesidades, y* quizás también los más afectados, por estar acostumbrados a vivir sin preocupaciones en los países capitalistas, con empleos muy seguros, ganando bien, consiguiendo todo lo que deseaban, y sin preocupaciones por ahorrar o guardar. Ya que, al instalarse la izquierda, de lo cual ellos estaban seguros, el sistema se encargaría de darles todo lo necesario. Por eso disfrutaban todo lo que podían. Tan acostumbrados a lo bueno del sistema, que hasta compraban más de lo que podían, y en completa libertad.

Y como no estamos seguros de lo que realmente va a ocurrir, "que Dios nos agarre confesados."

LOS BENEFICIOS SOCIALES

¿Qué personas que se vean favorecidas con nuevos beneficios sociales no los van a querer y apoyar? Y entre más personas sean beneficiadas, más a favor de ellos habrá. ¿Quiere decir entonces que los mejores gobernantes son aquellos que más beneficios ofrecen? Sería muy fácil entonces ser un buen gobernante, o buen legislador: Sólo tendrían que proponer todos los beneficios sociales que puedan.

Lamentablemente los beneficios sociales no hacen la prosperidad de un país. Y también pueden ser perjudiciales. *Esto lo saben muy bien los gobernantes impropios.*

Los beneficios sociales podrían ser muy buenos, pero también podrían dañar la economía de un país, y terminar siendo perjudiciales para todos.

Porque la prosperidad de un país sólo es posible con el trabajo y el esfuerzo de las personas que con sus familias, tratan de satisfacer sus propias necesidades. Posteriormente es cuando ya se pueden proponer e implementar algunos beneficios. Pues estos sólo se deben efectuar luego que los países alcanzan un alto grado de desarrollo, y cuentan ya con suficientes recursos, fruto de su propio esfuerzo.

En muchos países desarrollados se han logrado muy buenos beneficios. Pero a veces ocurre que muchas personas, con mucha razón, no están de acuerdo con algunos de estos beneficios por considerarlos injustos, o innecesarios, y porque su costo lo pagan con más impuestos y el consiguiente daño a la economía. Es el caso del pago a los desempleados cuando es mucho el periodo de tiempo que les pagan. Los contribuyentes se quejan que también deben mantener a quienes no les gusta trabajar. Igualmente se quejan de que les quiten dinero para darle educación a quienes muy bien pudieran pagar sus estudios, o a aquellos que por su gratuidad no los valoran ni los aprovechan como debe ser. O para mantener a quienes aún estando en la etapa más productiva de la vida, los obligan a jubilarse aún jóvenes, con el máximo de conocimientos y el deseo de seguir activos. Es el caso de oficiales de las Fuerzas Armadas de algunos países. El daño es doble: estratégico por el retiro de valiosos oficiales, y económicos pues son reemplazados y deben seguirles remunerando. Igual sucede con maestros y profesores universitarios a los cuales jubilan cuando más conocimientos y experiencia tienen para enseñar, sin tomar en cuenta las condiciones físicas y mentales y el deseo de seguir activos. Naturalmente esto es más contraproducente en países en vías de desarrollo. Y aunque algunos países no tienen problemas para costear estos despilfarros por el chorro de dólares que reciben de las ventas de petróleo, otros deben aumentar los impuestos o implementar otros nuevos que reducen la capacidad de ahorro e inversión. Entonces es doble el mal: a quienes les quitan les dificultan invertir y progresar, y a quienes los reciben les acostumbran mal, con lo cual, si hay mala situación, la prolongan o empeoran, pues estos beneficios son improductivos. Primeramente hay que tratar de lograr un mayor desarrollo para que existan más y mejores empresas, y así contar con mayor número de contribuyentes y más dinero para financiar los beneficios.

Lamentablemente el desarrollo no se hace por decretos, mucho menos robándose los recursos para financiar revoluciones o ideologías fracasadas, ni quitando el dinero con impuestos a quienes desean crecer y progresar, para despilfarrarlos en burocracia o en limosnas que podrían prolongar o empeorar la situación. Es difícil obviar el período de mucho trabajo, disciplina y sacrificio por los que deben pasar los países para alcanzar el bienestar general. Para ello es importante tomar en cuenta las experiencias de los países que en relativamente poco tiempo se desarrollaron, que igualmente fueron pobres, y que gracias al esfuerzo de todos progresaron, y ahora gozan de buenos beneficios sociales. Debemos tener en cuenta que tanto la libertad de empresa como los recursos financieros que la gente logra conseguir son indispensables para crecer. Que mientras más le quite un gobierno a los que producen, más difícil se hará alcanzar el desarrollo, el bienestar y la productividad que todos desean. *Y que cuando los políticos ignoran estos principios económicos elementales les es muy fácil empeorar la situación.*

¿QUIÉNES DIRIGEN LAS INVASIONES DE TIERRAS Y CONSTRUCCIÓN DE RANCHOS?

Por más de cincuenta años observamos en Venezuela y en otros países lo que dieron en llamar Reforma Agraria. Y aunque muchos podrían pensar en ésta como algo justo, que beneficia al país y a mucha gente. Sin embargo no es así porque la hacen compulsivamente, queriendo hacer creer que son los campesinos quienes toman la iniciativa de invadir e irrespetar las propiedades. Y lo que bien podría hacerse en perfecta paz y sin perjudicar al país ni a los propietarios, y hasta con logros importantes, lo convierten todo en un desastre.

Todos sabemos que para realizar con éxito un proyecto, primero debe planificarse y organizarse.

¿Cómo podríamos construir un edificio sin planos, sin cálculos, con uno que otro material, sobre un terreno ajeno y peleando con el propietario? Y esta es la Reforma Agraria que hemos visto en Venezuela y en muchos otros países.

¿Cuántas fincas hay en Venezuela que en un tiempo producían, y que hoy fueran prósperas empresas productoras de granos, frutas, carne, leche, y generadoras de empleo? Lamentablemente muchas de estas fincas fueron invadidas, y luego abandonadas, y lo que han sido es una carga económica para la nación. Este tipo de "Reforma Agraria" obstaculiza el desarrollo, frena la inversión en el campo, y quita el entusiasmo no sólo a agricultores y ganaderos, sino también a quienes están dedicados a otras actividades, pero que igualmente notan la grave ausencia de autoridad, orden y disciplina que debe caracterizar a un buen gobierno. Cuando el productor no se siente seguro, amparado y respetado en la tenencia de la tierra, de muy poco valen los incentivos que se pongan en práctica.

¿Qué es realmente lo importante, que la tierra se divida sin importar la ineficiencia, la escasa productividad y el bajo nivel de vida de los parceleros, o la eficiencia, productividad y el alto nivel de vida de los obreros y empleados que trabajan en las grandes empresas agropecuarias privadas de los países desarrollados? *¿Quiénes*

97

viven mejor, los integrantes de las cooperativas agrarias de Rusia, China o Cuba, o los obreros y empleados de las grandes empresas agropecuarias privadas de los Estados Unidos, Canadá o Europa? *¿Cuándo hizo falta repartir tierras en estos Países?* Además, debemos tener presente que en los países donde se respeta la propiedad privada, *la tierra igualmente se reparte en forma natural a través de los años:* Cada vez que muere un propietario de un lote grande de tierra, ordinariamente ésta se divide entre sus herederos, y algunos venden su lote, y a cada rato mueren propietarios de tierras. No obstante, si aún quieren repartir tierras a verdaderos agricultores *sin dañar la economía del país,* primero lo deben planificar. Pero nunca en tierras que producen o en vías de producir. Preferiblemente en tierras buenas y desocupadas. Y concentrado lo máximo posible para bajar los costos y facilitar su organización. Y en el caso de que las tierras estén posesionadas, ***primero deben indemnizar a sus ocupantes o propietarios.*** Luego entonces adjudicar. Deben tener presente que el irrespeto a lo ajeno, conduce al desánimo, a la corrupción, al desorden, a la impunidad, a la flojera, y a lo más grave: al ***desabastecimiento***, causa principal del encarecimiento de la vida. *¿Cómo podría un país producir sus propios alimentos sin antes acabar con este salvajismo que por tantos años ha perjudicado y atrasado la actividad agropecuaria en Venezuela y en muchos otros países? ¿Cómo podríamos producir nuestros propios alimentos sin antes llevar confianza, aliento y entusiasmo a los productores del campo?* ¿Acaso es propio de gente civilizada, tolerar o incitar la apropiación indebida de bienes públicos o privados? Igual debemos decir: *que los campesinos no tienen la culpa.* La culpa de los daños que le hacen al país la tienen los gobernantes que permiten estas invasiones en complicidad con aquellos que los llevan a invadir.

Desgraciadamente, *en todos los países* donde por influencias populistas se irrespeta la propiedad privada y se toleran o propician las invasiones de fincas y terrenos, ***baja la producción.*** *Estas son las causas por las cuales hay hambrunas en muchos países, así como escasez y encarecimiento en otros, causadas precisamente por la* *llegada de gobiernos de izquierda enemigos de la libre empresa y de la propiedad privada en los medios de producción.* Hoy lamentablemente agravado por la nefasta subida de los precios del petróleo.

EL PROPIETARIO: UN SIMPLE ADMINISTRADOR.

Al propietario debemos mirarlo como lo que realmente es: Un *simple administrador de unos bienes que en la práctica son de todos, porque a todos benefician. Hasta después de muerto, todo lo que ha fundado y desarrollado queda allí produciendo y beneficiando a todos.*

El sólo hecho de surgir y progresar por propio esfuerzo es la mejor prueba que sabe administrar y crear riqueza. Muy distinto de quienes administran las empresas en los regímenes totalitarios de izquierda.

Los buenos empresarios son los que más contribuyen al progreso de un país. Son aquellos que en vez de gastarse y disfrutar del dinero que ganaban, prefirieron ahorrar, para ampliar o construir nuevas fábricas, comercios o servicios, y producir más bienes, más empleos y más riqueza. Sin embargo les critican, y hasta los secuestran y los matan, como si causaran daño a los demás. *Pero en cambio no critican a quienes ganando buenos sueldos en puestos burocráticos, muy poco contribuyen al progreso del país, porque todo se lo gastan dándose la buena vida, son simples consumidores.* ¿No serían más provechosos estos dineros si cayeran en manos de gente emprendedora y ambiciosa? *¿Cómo podría progresar un país si no prosperaran las personas, sus negocios o sus empresas?*

Un país se hace grande con el trabajo creador y productivo y esa es la misión del empresario. Así como la misión de un buen político es mantener las condiciones adecuadas para que todos trabajen con entusiasmo y generen riqueza y bienestar. Al perjudicar a las empresas privadas, sea en la forma que sea, no es a sus propietarios a quien más perjudican, ya que como mortales que son, primero atenderán sus propias necesidades. *El daño mayor se lo hacen al país y a los más necesitados,* pues son las plusvalías o utilidades las que se destinan a mejorar los sueldos, o ampliar o a fundar nuevas empresas creadoras de más empleos, riqueza y bienestar, precisamente lo que hace el progreso de un país y del mundo. *¿Tan difícil es comprender que perjudicando a*

100

los productores o propietarios, a quien se le hace el mayor daño es al país, y a los que necesitan de un trabajo, o de alimentos y bienes para comprar? Lo peor que puede hacer un gobierno es quitarles recursos a quienes producen y crean la riqueza, para malgastarlos o hacerlos desaparecer.

Pero hay personas que prefieren ver a todos pasando hambre y necesidades, antes que ver a unos viviendo mejor que otros. Y en vez de tratar de mejorar al sistema del cual viven y disfrutan, lo perjudican al igual que su país.

Otra cosa que se escucha es que quieren desheredar a los hijos. ¿Acaso no fueron estos el mayor incentivo para sus padres? ¿Acaso no fue para ellos que en gran medida trabajaron, para que no pasaran dificultades, y no estar atenidos a terceros? Y si los desheredan, les arrebatarían el derecho natural que tienen hasta los mismos animales, como es proteger a los hijos. Además, debemos tener en cuenta que las habilidades y demás cualidades también se heredan, tanto las buenas como las malas. Y si los padres hicieron cosas buenas, es muy probable que los hijos también, y hasta los superen. ¿Acaso no son los hijos quienes desde niños aprendieron con sus padres del negocio y por ello son los más conocedores? Por supuesto, no todos heredan las buenas cualidades que hicieron triunfadores a sus padres. Pero sin duda muchos los superan. También sucede que algunos venden lo que heredaron. Pero desde el momento en que otros adquieren las propiedades, casi siempre será con el propósito de mejorarlas. Aunque hoy podrían caer en manos de testaferros de izquierda enemigos de la propiedad privada, los cuales vienen acaparando capitales y monopolizando la economía mundial.

LA PROPIEDAD PRIVADA

¿Es la propiedad privada un obstáculo para hacer al mundo más justo o más humano?

¿De qué manera las utilidades que generan las empresas son más provechosas al país, a los trabajadores, y a todos en general? ¿Podrían usarse mejor estos recursos bajo la administración del Estado, o repartidos entre los trabajadores, sobre todo cuando se desea incrementar la producción?

Supongamos el caso extremo que quieran que el Estado disponga de todas las utilidades de las empresas y que a los propietarios les quede apenas lo suficiente para comer: podrían aumentar el impuesto sobre la renta a niveles lo suficientemente altos para conseguir ese objetivo, *y sin embargo los propietarios seguirían como tales.*

O supongamos que deseen repartir un mayor porcentaje de las utilidades de las empresas entre los trabajadores. Perfectamente podrían aprobar una ley que obligue a ciertas empresas, o a todas ellas, a repartir ese porcentaje, y tendríamos otra forma directa de distribución. *Sin embargo los propietarios seguirían como tales, lo que demuestra que no hace falta confiscar propiedades, ni aún en el caso que deseen que los propietarios ganen igual o menos que los trabajadores.*

Pero estas medidas podrían ser muy perjudiciales. Pues en el caso que las utilidades se repartan entre los trabajadores, lo más probable que ocurra es la paralización económica del país. Pues al repartir directamente las utilidades de las empresas entre los trabajadores, éstos tendrán más dinero para comprar, pero sobre los mismos bienes o productos que hay en el mercado, lo que provocará una escasez inmediata, y el mercado no responderá a la demanda porque sus propietarios no tendrán los recursos para ello, lo que se traduciría en inflación, o en colas (filas) y racionamientos, dependiendo de las medidas que tome el gobierno. Al final de cuentas, de nada serviría repartir las utilidades a los trabajadores, porque tendrán la misma cantidad de bienes para comprar.

Y en el caso de querer que las utilidades queden en manos del gobierno, todos sabemos por diversas experiencias de países que incursionaron en el totalitarismo de izquierda, así como también por empresas nacionalizadas, que éstas en manos del Estado o de un partido político generalmente nada tienen que repartir. Y que son las utilidades o plusvalías las que se destinan, bien para ampliación, o para modernización, o para las nuevas empresas que necesita un país en crecimiento, o para aumentar la oferta de bienes o servicios, o para aumentar los salarios a los trabajadores, o para ofertar trabajo a los nuevos demandantes, a menos que se haya paralizado también el incremento de la población. En cualquiera de los casos no sólo se frena el aumento de la producción y la oferta de trabajo, sino que también se paraliza la modernización o sustitución de equipos, así como la creación o puesta en práctica de las nuevas ideas que se le van ocurriendo al propietario y que no podrían llevarlas a término por no tener a la mano los recursos suficientes para su ejecución. Además, debemos tener en cuenta que: al dejar al propietario sin una suficiente participación de las utilidades, éste perderá interés, le daría igual que la empresa gane más o gane menos, lo que traería como consecuencia la falta de estímulo y la improductividad, precisamente lo que ha sucedido con las empresas en manos del Estado o de un partido. *Por ello, bien que sea el propietario u otra persona la que administre la empresa, en cualquiera de los casos, deben tener suficientes incentivos que se traduzcan en un mayor bienestar material, u otros tipos de privilegios que en definitiva los distinga de los demás, y los sitúe en mejores condiciones económicas con respecto a los demás empleados y trabajadores. Porque si el destino de quien administra es seguir en igualdad de condiciones de los demás, obviamente, tampoco habrá interés de nadie en tomar estos puestos de tan alta responsabilidad.*

Hasta ahora la experiencia en todo el mundo ha demostrado que los recursos o dineros en poder del Estado o de un partido, como no tienen dolientes, se diluyen en el aparato burocrático. O sea, mucha gente que consume y poca la que produce, esto da por resultado el aumento de la demanda de bienes de consumo y el estancamiento de la producción, lo que nos lleva a la escasez y al encarecimiento en los países que incursionan en la estatización de empresas, y a la escasez y a los racionamientos en los países donde todo lo controla el gobierno.

En realidad el empresario produce para el bienestar de todos, y entre más eficiente y productiva haga la empresa, más se benefician los demás al tener más que comprar y con precios más accesibles. Y entre más utilidades tenga la empresa, mayor capacidad de ampliación y producción tendrá, incluyendo el abrir nuevas sucursales, lo que se traduce en más oferta de trabajo, mayor oferta de bienes, mejores sueldos para los empleados y trabajadores, y pagos más sustanciosos al impuesto sobre la renta para el mantenimiento de la seguridad social y de las obras públicas necesarias. Ya el hecho de crecer la empresa, significa que lo que produce o comercia se está vendiendo, que hace falta y que muchas personas se benefician de ella. Y todo esto ocurre sin el intervencionismo del Estado.

Además todos sabemos que los verdaderos empresarios, usualmente mejoran las condiciones de vida de sus empleados y trabajadores. Por ejemplo: Henry Ford por propia iniciativa y sin presiones de nadie, dobló el sueldo a todos sus empleados y trabajadores. Muchos otros siguieron su ejemplo, y muchos más crearon fundaciones y hospitales y contribuyen con millones de dólares para el bienestar de todos.

Y no seamos tan egoístas para ver con malos ojos a los propietarios cuando disfrutan de lo que hicieron, de lo que antes no existía, pues no solamente reciben un merecido premio a su ardua labor, sino que a la vez distribuyen parte de la riqueza que ellos mismos crearon a quienes están dedicados a esas otras actividades. También es bueno recordar, que luego que las cosas están hechas, es muy fácil acostumbrarse a ellas, y verlas y usarlas como algo de lo más normal. Y a veces ni llegamos a pensar que las tenemos y disfrutamos gracias a aquellos que con mucha constancia y tenacidad las materializaron. Lamentablemente muchos desconocen el mérito a sus creadores, y ni en ellos pensaron, o creen que sin ellos todo habría sido igual: que esas empresas, o esos bienes, o esos inventos de igual manera habrían existido, o que podrían seguir pujantes con simples administradores. Pero no es así. Son muchas las empresas que posteriormente a su venta o a la muerte de su propietario, desmejoran o desaparecen. La presencia o supervisión de sus creadores o propietarios es muy importante, pues además de ser los más conocedores, siempre serán los más interesados en mejorarla. Recordemos el sabio refrán: *El ojo del amo engorda al caballo.*

¿DE QUIÉNES DEBEMOS COPIAR?

Si lo que se desea es llevar la mayor suma de felicidad y bienestar a todos los ciudadanos de un país, ¿de qué sistema económico y político y de qué países entonces debemos copiar o tomar ejemplos? ¿Acaso no debería ser de aquellos que han conseguido el mayor índice de bienestar? ¿Cómo entonces podrían progresar los países subdesarrollados copiando de quienes luego de muchas décadas de totalitarismo marxista, y *no obstante la ayuda de los capitalistas*, nunca salieron de la mediocridad y todavía en gran medida viven a expensas de los países libres?

¿Quiénes viven mejor, los obreros y empleados de los países actualmente desarrollados con sistema de libre empresa, o aquellos que viven en países con gobiernos totalitarios de izquierda? Entonces, ¿de cuál sistema debemos copiar? ¿Qué es realmente lo que debe prevalecer: el sometimiento, la ineficiencia, la improductividad y el bajo nivel de vida de los obreros y empleados de los países que incursionaron en el totalitarismo de izquierda, o la libertad, la eficiencia, productividad y el alto nivel de vida de los obreros y empleados que trabajan en las empresas privadas de los países libres desarrollados?*¿Nos imaginamos las penalidades por las cuales pasarían aún los países con regímenes enemigos de la libre empresa, si no fuera por los países con sistema de libre empresa, de los cuales obtienen préstamos, bienes, comida, tecnología e inversiones de todo tipo?* ¿Cómo aún puede haber gente que desee para su país un sistema de gobierno en todos los aspectos fracasado? *Por Dios, seamos inteligentes. Copiemos lo bueno. Copiemos lo mejor.*

Es lamentable que aún existan individuos influenciados por estas viejas y fracasadas teorías: que si la lucha de clases, que si la igualdad, que si la explotación del hombre por el hombre. Cuando realmente *los únicos "logros" de esta ideología han sido incalculables daños a la humanidad, a la paz y al progreso en todo el mundo.*

Sin embargo, los enemigos de la libre empresa en sus férreas dictaduras, mantienen algunas disciplinas que perfectamente podrían copiar los países libres. Por ejemplo:

castigos severos para los corruptos y delincuentes, cero bochinches o desordenes en universidades y liceos, admitir en las universidades públicas sólo a los más inteligentes, y estricto control de natalidad, también de fácil aplicación en los países libres. Pero resulta que estas conductas no las copian. Paradójicamente, los primeros que se oponen a implementarlas en los países con sistema de mercado y libre empresa son los enemigos de la propiedad privada. Pues cuando toman el poder, aunque sea a medias, lo único que hacen es crear conflictos, desánimo, bajar la producción, y empeorar enormemente la situación política y económica mundial. Es lamentable que muchos no se percaten del daño real que hacen los adversarios de la libre empresa. Y si llegan a profundizar esta revolución de pobreza, se hará más palpable la escasez de alimentos y bienes elementales.

Pero aún estamos a tiempo. Aún podemos copiar de cualquier sistema. Pero eso sí, copiemos lo bueno, copiemos siempre lo mejor.

¿DAR "TRABAJO" POR DAR TRABAJO?

Para un gobierno, dar "trabajo" es lo más fácil que hay. Y más aún, si es dictatorial. Por ejemplo: a los desempleados bastaría con ponerlos a abrir y a cerrar puertas y ya con esta actividad tendríamos trabajando a todo el mundo. Pagarles, también es muy fácil, solo se necesita de suficiente papel y una máquina para imprimir billetes y así tendríamos solucionado el problema del pago para todos.

Sin embargo, de nada serviría este tipo de "trabajo," ni el dinero que nos paguen si no logramos conseguir lo que deseamos o necesitamos comprar. Es necesario que los trabajos sean productivos y eficientes para que haya suficientes bienes y servicios, de modo que estén a la oferta en todo momento y puedan ser adquiridos cuando se requieran. Los trabajos deben ser productivos para que, lo que unos producen o ayudan a producir, lo puedan intercambiar con lo que producen los demás. Si los trabajos que da un gobierno no generan bienes de consumo, ni prestan un servicio necesario, estará creando –posiblemente sin quererlo– parásitos al país, o simples consumidores.

Así pues, es fácil entender que lo importante no es tener "trabajo," que por supuesto cualquier gobierno lo podría ofrecer en cualquier momento, sino que lo importante es que el trabajo que se realice sea en alguna forma productivo, para que contribuya a mantener la oferta de bienes y servicios, llene las fallas existentes y pueda cubrir las necesidades de todos.

Al trabajar en algo productivo, no importa cual fuere nuestro patrón, lo hacemos para nosotros mismos, pues, entre más produzcamos, más habrá para ofrecer, más tendremos para comprar, más competencia habrá, y naturalmente precios más bajos.

Pero tan importante como que el trabajo sea productivo, lo es también que sea eficiente. Por ejemplo: un poblado de 500 familias, donde sólo trabajan los jefes de cada una de ellas, pero lo hacen entusiasta y eficientemente, puede producir más bienes y servicios que otro con igual cantidad de familias donde trabajen dos miembros de cada una de ellas pero cuyo trabajo es desganado e ineficiente. Esto significa que el primer poblado puede vivir mejor, al intercambiar mayor producción o disfrutar de más bienes y servicios, a pesar de que trabajan solamente la mitad de las personas que lo hacen en el segundo poblado. La eficiencia puede ser la diferencia entre ser un país pobre o ser un país rico. La eficiencia es tan importante, que si en el mundo trabajaran sólo 50% de las personas aptas para el trabajo, pero produjeran con la ayuda de equipos, robots y computadoras el 100 % o más de los alimentos, bienes y servicios que hagan falta, ¿para qué necesitaría trabajar el otro 50 %? Si algún día llegáramos a esto, entonces muy bien podríamos imponer un impuesto del 50% a la producción y con ésta podríamos sostener perfectamente al otro 50% que no trabaja, lo que demuestra que no es indispensable que todos trabajen. O podríamos reducir la jornada de trabajo a la mitad para que los otros se turnen en el trabajo. O hasta se podría implementar que todos dispongan de vacaciones de seis meses. De manera que lo importante no es que todos trabajen, sino que se produzcan los suficientes bienes y servicios para cubrir las necesidades de todos.

Naturalmente, cuando no hay los suficientes bienes y servicios la preocupación de un gobierno o de la comunidad no debería ser la de dar "trabajo" a todo el mundo, sino la del abastecimiento total, y esto no se puede conseguir colocando o manteniendo a las personas en puestos improductivos, sino colocándolos en áreas que aumenten la producción.

Y cuando un gobierno depredador le quita demasiado dinero a los ciudadanos por los servicios que presta, o con exagerados impuestos, y lo hace para sostener una burocracia improductiva, o para robárselos y financiar proyectos políticos, está actuando equivocadamente y le hace mucho mal a su país, pues deja a los ciudadanos con menos posibilidades para comprar, o para ahorrar, o para acometer sus proyectos o ideas que aumenten la producción y cubra las fallas existentes. En el caso de Venezuela, con una fabulosa renta petrolera, lo correcto es eliminar los impuestos, y paralelamente financiar a todos los que tengan buenos proyectos, *siempre y que exista confianza en los gobernantes y en el proyecto de país.* Pues muy pocos podrían animarse a trabajar *como se debe* para construir o mantener una empresa, sabiendo que nunca le va a pertenecer, o que en cualquier momento se la puedan quitar. Y en el caso de otros países, reducir los impuestos para que queden a disposición de los ciudadanos y demás entes productivos los recursos financieros -que el Estado desperdicia- para facilitarles que puedan aumentar la producción. Así las personas tendrán mayor poder para comprar, para ahorrar, o para acometer proyectos que los incorpore al proceso productivo. Simultáneamente y en la medida que se expanda el aparato productivo, éste irá absorbiendo la mano de obra disponible, entre otras, la que haya quedado cesante por la reducción de burocracia. Así convertimos en productores a quienes, sin quererlo, vivían de la producción de los demás.

¿ES CONVENIENTE LA INAMOVILIDAD LABORAL?

Otro mito fue creer en la estabilidad laboral.

Hoy más que nunca se hace vital para la supervivencia de los países que conformaban la antigua Unión Soviética la reestructuración de su economía. Entre otras, se hacen reformas para que todas las empresas estatales sean financieramente autosuficientes, hacerlas responsables de su propia salud fiscal y llevarlas a un sistema de contabilidad completa de costos y autofinanciación. ¿Qué significa todo esto? ¿Cómo podrían conseguir la salud de las empresas y responsabilizar a los administradores de cada una de ellas para que generen utilidades o beneficio económico y puedan autofinanciarse? ¿Cuánta libertad tendrán que dar a sus directores o gerentes para que puedan presionar o despedir a empleados u obreros que no rindan en el trabajo? ¿Cuánta libertad tendrán que darles para ajustar salarios y el número conveniente de trabajadores? ¿Cuánta libertad tendrán que darles para ajustar los precios de los productos en el mercado? ¿Acaso no llegaron precisamente a la misma forma de conducirse las empresas privadas en los países libres? ¿Qué diferencia habría entonces entre unas y otras, sobre todo en lo que respecta a estabilidad laboral? Esto de por sí debería ser más que suficiente para convencer al más radical de los izquierdistas del fracaso del comunismo como sistema, y que la única diferencia entre la izquierda y la derecha sería, en que con la primera las empresas estarían dirigidas por burócratas y con la segunda, por sus propios fundadores creadores, o herederos, o posteriores compradores. ¿Y cuál de las dos formas es la más eficiente y la más justa?

Afortunadamente cada vez lo entienden más, en especial políticos y economistas, que cuando se perjudica a las empresas, sean grandes o pequeñas o privadas o estatales, a quien se le hace el mayor daño es al país y a los trabajadores.

Sin embargo, todavía algunos piensan que la inamovilidad es beneficiosa para el sector laboral. Pero no es así, pues al inmovilizar la dirección de las empresas, dañan el

111

aparato productivo, perjudican todo el país en general, y las peores consecuencias son para la clase trabajadora.

En todos los países con sistema de mercado, casi toda nueva empresa comienza pequeña, con uno o dos trabajadores, y poco a poco, unas más pronto que otras, a medida que prosperan, se van haciendo de más empleados y más trabajadores. Y algunas se convierten en gigantes capaces de dar trabajo a miles de personas, de dar servicio a millones, y de producir miles de toneladas de alimentos o bienes de consumo. Esto indica que se han optimizado las relaciones sociales de producción. Y entre más crezcan y prosperen las empresas mejor será para los trabajadores y para todo el país en general. Por el contrario, cuando las empresas se estancan, también se detiene el empleo y deja de progresar el país. Y si fracasan o cierran sus puertas, más se atrasa el país, y todos en general salen perjudicados, pues habrá menos trabajo y menos bienes disponibles en el mercado. Pero los que más sufren con la quiebra de una empresa son los propios trabajadores, al quedar sin el trabajo que les permite obtener los recursos para vivir.

No existe un patrono o empresa privada cuyo interés no sea el de prosperar. Y al progresar, generalmente *aumentan el número de trabajadores*. Por lo tanto *lo normal en una empresa que progresa no es tener menos, sino tener más trabajadores*. Incluso cuando deciden sustituir mano de obra por maquinaria moderna, tampoco es para retroceder, sino para hacerla más eficiente, para mejorar los factores de producción, lo que las lleva a crecer, por lo que *siempre terminan aumentando el número de empleados y trabajadores*. Por ello, sean del Estado o particulares y del tamaño que fueren, las empresas que se vean obligadas a reducir personal por alguna circunstancia, *no solamente deben tener libertad para poder hacerlo, sino que están en la obligación de hacerlo. Y si un gobierno se los impide, las perjudica* al no poder equilibrar sus gastos con los ingresos, **causando un perjuicio mayor que podría ser la quiebra,** *para entonces tener que echar a la calle, no ya a unos pocos, sino a todos sus empleados y trabajadores.*

112

Es bueno aclarar, que la reducción de personal a que se ven obligadas las empresas privadas generalmente es motivada por el intervencionismo del Estado en la economía. Estas reducciones casi siempre son de carácter temporal, mientras se ajusta o normaliza la situación dañina creada por el intervencionismo oficial. Pero siempre los más interesados en volver a salir adelante son sus propietarios. Pero si el Estado obstaculiza la administración de la empresa, decretando inamovilidad laboral, los daños pueden ser irreversibles. *Es indispensable que las empresas (grandes o pequeñas, bien del Estado o particulares) tengan plena libertad para despedir o enganchar en cualquier momento a los trabajadores que crean convenientes. **Los despidos injustificados no existen.** Cuando un patrono decide despedir a alguien es porque existe una buena razón. Por muy injusto que parezca el motivo nunca será para perjudicar a la empresa, sino para beneficiarla.* Por ejemplo: que exista antipatía o rivalidad entre el administrador y un trabajador, ya es suficiente motivo para despedirlo, porque la incomodidad o malos ratos de quien dirige hacen que su trabajo sea incómodo y no del todo eficiente, por lo cual la empresa se perjudica, así como también los trabajadores, el país, y todos en general.

Otro gran inconveniente de la inamovilidad laboral, sobre todo cuando es permanente, es la propensión de ciertos trabajadores a faltar, o a holgazanear, confiados en el amparo de la inamovilidad, lo que se traduce en ineficiencia, mayores costos de producción y productos de peor calidad, que a todos, incluyendo a los propios trabajadores, les costarán mucho más cuando se vean en la necesidad de adquirirlos. Por todo ello, los propios trabajadores deberían ser los más interesados en que su empresa prospere o se recupere, pues en la medida que ésta progresa, en esa misma medida ellos progresarán, la empresa estará en mejores condiciones para aumentar los salarios, y los trabajadores igualmente para exigir. *Sea cual fuere el motivo, no se puede sacrificar a todos los trabajadores de una empresa por defender la inamovilidad de uno o de unos pocos, y mucho menos si es circunstancial.*

LOS DAÑOS DE LOS MONOPOLIOS Y DEL PROTECCIONISMO

Si en estos momentos nos observaran los habitantes de un mundo extra terrestre, más desarrollado que el nuestro, o más sensato, ¿qué opinión tendrían de nosotros como seres organizados e inteligentes? Lo más probable es que nos tengan en muy mal concepto, que nos juzguen como los seres más egoístas del universo, y que ésta sea la causa de que nos matemos y aislemos económicamente los unos de los otros. Estamos divididos en más de 180 países. Casi todos desean ser autosuficientes. Quieren producir todo lo que necesitan como si los otros fueran a dejar de existir. Todos quieren que les compren lo que producen, pero a la vez no desean comprar lo que producen los demás. Esto nos lleva al proteccionismo, que trae como consecuencia que todos a nivel internacional salgamos perjudicados.

Supongamos que el mundo se redujera en estos momentos exclusivamente a Venezuela. Que no existieran los demás países. Que fuéramos completamente autosuficientes, o sea, que entre todos los Estados produjéramos todo lo que usamos y consumimos: El Estado Zulia es un gran productor de petróleo, leche, carne, plátanos, etc., que le vende a otros estados que producen nada o muy poco de estos rubros; pero en cambio le compra a otros estados muchas cosas que muy poco o nada produce, como vehículos, repuestos, telas, herramientas, etc., que trae de los Estados Aragua o Carabobo, que se caracterizan por tener una gran producción industrial. O como el café, papas y zanahorias que traemos los zulianos generalmente de los estados andinos. O cereales como el arroz, sorgo o maíz que traemos de los Estados Portuguesa, Guárico o Barinas. El Estado Bolívar se caracteriza por tener una gran producción mineral o productos manufacturados del hierro y aluminio, los cuales vende a otros estados y a su vez aprovisiona de los demás de las cosas que no produce y que necesita. Y así, todas las regiones se ayudan unas a otras proveyéndose de todo lo necesario. Estos intercambios, además de favorecernos cubriendo las necesidades individuales de cada Estado, también nos benefician en los precios y en la calidad, porque así como los Zulianos tenemos excelentes zonas para el cultivo del plátano y nos es más económico producirlo, así mismo las demás regiones están en condiciones de producir otras cosas en forma más eficiente y económica, en donde influyen muchos factores como son: las condiciones climáticas, topográficas, costo y eficiencia de la mano de obra, o situaciones estratégicas favorables, como estar cerca de explotaciones mineras u otros sitios productores de materias primas: Una fábrica de láminas de aluminio que tenga cerca su fuente de suministro debe producir a precios más económicos que otra situada a 1000 Km. de distancia por el costo del transporte. Una empacadora de sardinas si está cerca de los sitios de pesca debe producir más económico que otra que no lo esté; de igual manera, el consumidor podrá comprar los productos terminados a mejor precio cerca de los centros de producción que en otros sitios donde deba pagar transporte. Igualmente, un estado con clima y condiciones propicias para la producción de papas, caraotas (frijoles negros) o trigo, producirá en forma más económica que otros que no las tengan, pero éstos tal vez cultivarán la caña de azúcar o el arroz más económico si reúnen las condiciones óptimas para estos cultivos, y así sucesivamente cada región tiene sus ventajas y desventajas para producir la infinidad de productos que van al mercado, que son indispensables, y que muchas veces es preferible intercambiarlos que ponernos a juro a tratar de producirlos. Por ejemplo: ¿Por qué empeñarnos en producir peras y manzanas si bien podríamos intercambiarlas por mangos o nísperos que nos es más fácil y económico producirlos?

Mientras todos los ciudadanos sean libres para producir e intercambiar lo que ellos crean conveniente, sin subsidios ni proteccionismos de ninguna especie, se estimulará en la región la producción de los bienes siguientes: a) Los que no existan o escaseen en el mercado. b) Los que puedan competir en la zona o fuera de ella a precios más económicos. c) Aquellos que posean una calidad superior a los existentes. Y d) Los que tengan por lo menos el mismo precio y calidad. Y esto es obvio, porque nadie se arriesgaría a producir algo si no puede competir con lo que ya se vende. Así se forman sanas competencias entre productores donde entran en juego los factores antes mencionados, así como la tecnología, la experiencia, la organización, el costo de la mano de obra, y la motivación de los trabajadores. De existir una región que por sus condiciones no se preste para diversificar o ampliar la producción en forma competitiva, habrá un sobrante o disponibilidad de mano de obra que emigrará a aquellos Estados o regiones donde estén necesitando de ella.

Mientras el país marche como un todo, sin egoísmos entre Estados, todos se benefician de los precios mínimos a que puedan vender los productores nacionales. Unos venden a otros lo que producen y compran lo que les hace falta, sin aranceles ni prohibiciones por parte de los gobiernos estatales, en un libre comercio y en sana competencia de precios y calidad. Pero supongamos que los gobernantes de un Estado se encaprichen en producir todo lo que compran a los demás, porque no desean que el dinero o circulante se le fugue a otras regiones. Las formas de lograrlo son: a) Subsidiar a los productores locales que tengan costos más altos para que puedan vender a los mismos o mejores precios que nos venden los productores foráneos; esto significa precios artificiales y carga fiscal para los contribuyentes que se hará insoportable a medida que pasa el tiempo y que traumatizan al consumidor. b) Prohibir las compras de las cosas menos necesarias o limitar las compras externas; esto causará deterioro en el nivel de vida de quienes compran, y escasez y encarecimiento no solo de lo que dejan de traer, sino también de todos los productos relacionados con ellos, y también causará recesión en los Estados que la producen. Y por último, lo más usual: Aplicar altos impuestos a los artículos que vienen de afuera para proteger a los productores locales y a los cultivos que se quiera desarrollar; esto también automáticamente provocará escasez, hará subir los precios al consumidor y bajará la calidad de muchos productos que no tendrán la competencia exterior. Cuando un Estado inicie el proteccionismo para hacerse autosuficiente, los otros al verse perjudicados le imitarán: el Estado Zulia aplicará altos impuestos a los vehículos y a las demás cosas que trae de afuera para que se incentive localmente su producción y evitar la fuga de divisas; el Estado Bolívar por consiguiente; los estados industriales podrían aplicar altos impuestos al combustible y a los productos agropecuarios que traen de afuera buscando que se incentive localmente su producción. Con los aumentos del combustible subirá el transporte y todos se afectarán, subirán los vehículos, la maquinaria agrícola e industrial, los repuestos y artefactos eléctricos, los agricultores se verán obligados a subir los precios de los productos, y con estos los subproductos y derivados, y es posible que hasta algunos agricultores que se estaban modernizando vuelvan a los bueyes y a los caballos por la imposibilidad de adquirir los costosos equipos y el combustible. Y así sucesivamente, cada Estado tratará de proteger lo suyo, aplicando medidas proteccionistas que van en perjuicio de todo el mundo y donde todos sin excepción salen perjudicados. Si a esto le sumamos la monopolización de la producción para incrementar los precios de productos como el petróleo, estilo OPEP, empeorará la situación al punto que llegaremos a estados de recesión y desempleo a nivel regional, al igual que los daños ocasionados por este monopolio a nivel mundial.

Lo increíble es que esto suceda actualmente, la diferencia es la escala, que en vez de ser a nivel de Estados o regiones, sucede a nivel de países, más grave aún por sus alcances, lo que pone al mundo en crisis. Y no sería extraño que más adelante, de seguir el egoísmo o proteccionismo entre países, se extienda a nivel de Estados o Municipios, para caer aún más bajo en este retroceso histórico, en donde la humanidad en vez de beneficiarse de la abundancia y de los precios bajos que genera la libre competencia, la eficiencia y la tecnología, se perjudica del proteccionismo y de los monopolios que traen ineficiencia, atraso, escasez y encarecimiento. Ya se siente la crisis y el desempleo a nivel mundial como consecuencia de la subida artificial de los precios del petróleo. Afortunadamente los productores de alimentos no han creado monopolios para subir los precios como lo hicieron los exportadores de petróleo al multiplicarlos hasta por veinte. *Lo ideal, lo correcto, lo lógico, es mirar al mundo como un todo, como hermanos que somos; que cada país, Estado o persona tenga completa libertad para producir lo que pueda o quiera, sin proteccionismos ni monopolios de ninguna especie, para que así lo puedan introducir en el mercado local o internacional en forma competitiva, y todos podamos beneficiarnos de la abundancia, la calidad y los bajos precios que genera la eficiencia y la libre competencia.*

ESPECULACION O PRECIOS EXAGERADOS

Esta es otra de las absurdas creencias por las cuales algunos funcionarios creen que deben intervenir. Que excepto ellos, las demás personas son tontas o gafas, y como si fueran niños de pecho las tienen que proteger.

¿Quién puede especular con el precio de los productos en los Estados Unidos? ¿Y acaso esto sucede porque el gobierno norteamericano prohíbe vender por encima de ciertos precios? Todo lo contrario. En los Estados Unidos nadie puede especular con el precio de los productos porque el gobierno no se inmiscuye en estos asuntos.

En un mercado libre, el especulador se cae por su propio peso porque todo el mundo es libre para "especular". Por ejemplo: si usted cree que venden muy cara la cebolla, y que hacen el mejor negocio del mundo, entonces, ¿por qué no aprovecha usted de convertirse en millonario dedicándose a vender cebollas? ¡Ah! que no son los vendedores quienes especulan, sino los transportistas, pues entonces, ¿por qué no aprovecha usted y se hace transportista? ¡Ah! Que no son los transportistas, sino los sembradores, entonces, ¿por qué no aprovecha usted de ganar más y comienza a sembrar y a cosechar cebollas? Y si no quiere hacer nada de esto, usted todavía es libre de comprar o no comprar cebollas, pero por favor, no diga que están especulando con el precio. Y es lo que sucede realmente en un mercado libre, la gente se estimula a vender, a fabricar, a sembrar, o a importar algo, cuando ve que es buen negocio. Y esto es precisamente lo que impide la escasez, la falta de competencia, el acaparamiento y los altos precios.

Aunque parezca contradictorio, la única forma de especular con el precio de un producto es en un mercado intervenido. Porque las regulaciones traen escasez, y ésta es la causa principal de que suban los precios y puedan especular con un producto.

Veamos los hechos: Si un gobierno regula el precio de venta del tomate a los agricultores, y estos concluyen que ya no es un buen negocio, lo más probable es que no lo siembren más, o lo hagan muy pocos. El resultado será una escasa

119

cosecha de tomates. La oferta será pobre, menor que la demanda, y esto hará que muchos no puedan comprar tomates. Y quienes necesiten comprarlos a como dé lugar, seguramente tendrán que repagarlos, (mercado negro) o sea, que el mismo consumidor se encargaría de ofrecer más y subirle el precio al producto. Es lo que sucede normalmente al escasear un producto, a menos que se adopte el modelo de los regímenes totalitarios de izquierda: de colas (filas) y racionamientos. Sin embargo, de los altos precios del mercado negro los productores no se benefician, no tendrían incentivo y el problema de escasez y precios altos persistiría. En cambio, cuando los precios se mantienen libres y la escasez los hace subir, entonces los agricultores sí se benefician, se incentivan, siembran más, y de paso atraen a nuevos sembradores. Por resultado, tendríamos una gran cosecha que automáticamente hará bajar los precios, ya que, no se puede especular con algo que hay en abundancia, y menos si el producto es perecedero y de costoso almacenamiento. Esto lo saben agricultores, comerciantes y criadores y se puede observar en cualquier momento. Igual sucede cuando un gobierno regula los precios de la producción industrial; la diferencia es que tarda más tiempo para presentarse la escasez. Pues, como ya están instaladas las costosas infraestructuras y maquinarias, tratarán mientras tanto de sacarle algún provecho. Pero nadie se entusiasmará a invertir en otras fábricas o industrias que no generen las suficientes y necesarias plusvalías para su mantenimiento, reemplazo de equipos y adecuadas utilidades. En cambio, al no existir regulaciones, podrían vender a precios más altos, lo que se convierte en un buen negocio, que atraerá a nuevos inversionistas que construirán nuevas industrias que tendrán que competir entre sí, lo que redundará en más calidad y precios más bajos.

Pero es bueno aclarar que siempre los más interesados en vender lo que producen o comercian son los propios fabricantes y comerciantes, y para ello es indispensable que los productos agraden al público y guste su precio. Por ello son los propios productores y comerciantes quienes deben ponerle precio a lo suyo sin interferencias de nadie.

Si en algo no se equivocaron Marx y Engels, fue al describir en forma por demás elocuente la capacidad creadora y productiva de las empresas privadas. Y refiriéndose a su gran expansión observaban: *"Los bajos precios de sus mercancías constituyen la artillería pesada que derrumba todas las murallas de China y hacen capitular a los bárbaros más fanáticamente hostiles a los extranjeros".* Como ejemplo podemos mencionar el gran éxito y progreso de los japoneses y de otros países asiáticos donde los gobiernos nunca intervinieron a regular sus productos.

Marx y Engels, los mismos que vaticinaban la autodestrucción del capitalismo debido a la epidemia de la súper producción, se quedarían hoy boquiabiertos al ver padeciendo algunos países por escasez e inflación, porque sus gobernantes de izquierda creen en la especulación, regulan los precios y obstaculizan la producción.

Un mercado de precios libres siempre ha sido lo natural, y es inseparable de la libertad de empresa, de la libre iniciativa y del respeto a la propiedad privada. Las regulaciones a estas libertades nacen en los países que incursionaron en el totalitarismo de izquierda, y en otros con el mismo tipo de gobernantes. Las regulaciones producen escasez, y ésta conduce a los racionamientos que son incompatibles con el mundo libre.

Toda industria o comercio necesita vender sus productos, y si no vende o son pocas las ventas, fracasa. Es una ley económica que al subir los precios bajan las ventas, y ésta nunca ha sido ni será la forma de prosperar una empresa. Por ello, en un mercado natural, no intervenido, el interés del empresario es aumentar las ventas, NO subir los precios.

Hace algunos años en Venezuela no existían controles ni regulaciones de precios. No había especulación y los mercados estaban atestados de comida y de bienes de todo tipo a bajo costo. Pero al llegar los izquierdistas al poder, comienzan los controles y las regulaciones que trajeron como consecuencia que escasearan, desaparecieran o subieran de precio muchos productos. Luego de algunos años de controles, liberaron los precios, y para colmo, al mismo tiempo, quitaron los subsidios a los productos que los tenían.

Naturalmente que tenían que producirse bruscos aumentos. Esto lo aprovecharon los izquierdistas para culpar y hacer de la liberación de precios una medida impopular. Uno de sus argumentos en contra fue que no estaban dadas las condiciones para liberarlos por falta de competencia, cuando son precisamente los controles y las regulaciones quienes obstaculizan y acaban con la competencia.

Todos los países desarrollados del mundo pasaron por la etapa de la primera fábrica o industria de un producto, y ninguno de ellos tuvo necesidad de regular los precios porque no hubiera competencia. Porque ésta no aparece por arte de magia. La competencia se hace, y para ello es necesaria la liberación de precios.

Y es que son tantas las cosas que pueden incidir en los costos de un producto: eficiencia administrativa y laboral, localidad y situación, costo de la materia prima, del transporte, de distribución, seguros, viáticos, etc., que a los encargados de regular productos no les queda otra alternativa que ponerle un precio máximo de venta al público, dejando suficiente margen para aquellos que tengan costos más altos, o para los más ineficientes. Pero esto naturalmente lo aprovechan quienes muy bien podrían vender a menor precio por tener menores costos de producción. Entonces, quien sale perjudicado es el consumidor. Igual sucede a nivel de distribuidor o detallista por diferencias de ubicación, o costos de transporte, alquileres, o locales y mobiliarios más lujosos. Al final de cuentas, por culpa de las regulaciones, quien paga las consecuencias es el consumidor.

Otro factor nocivo que incide sobre los precios regulados es la gran responsabilidad y sapiencia de quienes tienen la delicada y complicada tarea de fijar precios a la infinidad de modelos y calidades de un producto (los zapatos por ejemplo). ¿Cuántas equivocaciones podrían tener, o a cuántos arreglos podrían llegar con los fabricantes?

En un mercado libre, el público es el mejor Juez. Él decide si el producto vale la pena comprarlo, si desiste de él, o lo sustituye por otro producto. Y cuando no le gusta el precio, puede visitar otros negocios y comprar donde más le convenga. Y si la marca le sale de mala calidad, lo más seguro es que no la compre más. Esta es una de las razones por las cuales se debe combatir la falsificación de marcas, pues con éstas engañan al público y perjudican a los fabricantes. En cualquier caso, quien abuse del cliente, sea el comerciante o el fabricante, pagará las consecuencias, pues al consumidor difícilmente puedan seguirlo engañando, a menos que no existan otras alternativas por falta de competencia, cosa muy rara en un mercado libre de regulaciones.

Las regulaciones, más otras intervenciones del gobierno, pueden ser las responsables de la quiebra o estancamiento de muchas empresas, y de hacer perder confianza y entusiasmo a propietarios que se convierten: unos, en simple espectadores, y a otros en quejosos que mendigan al gobierno precios más altos como la forma más sencilla y rápida para obtener rentabilidad, con la consiguiente pérdida de eficiencia y baja producción. Y lo más importante: la falta de estímulo para construir nuevas industrias o comercios, o para ampliar las existentes para una mayor producción y competencia e impulsar el progreso y el desarrollo.

Sin lugar a dudas, las regulaciones conducen a la escasez, y ésta al encarecimiento. En cambio, cuando el gobierno no se inmiscuye, y cada persona es dueña realmente de lo que hace, compra, vende, siembra, inventa, hereda o le regalan. Mejor dicho, cuando las personas son libres de ponerle precio a lo suyo, entonces funciona en forma natural la oferta y la demanda, y producción y precios se equilibran por ley natural y universal.

En un mercado libre son los fabricantes o comerciantes quienes más se preocupan por ofrecer los mejores precios para hacerse de nuevos clientes, o para conservarlos.

Con esto de regular los precios de los productos, los gobiernos lo que hacen es idiotizar a la gente. Afortunadamente hay comerciantes, que aún en estas circunstancias, casi todos sus artículos los venden con precios por debajo de las regulaciones; por cierto, son los negocios que más venden y por tanto los más prósperos. Esto nos demuestra que las regulaciones sólo sirven para aumentarle los precios al consumidor.

¿Piensa usted, que al no existir regulaciones los comerciantes podrían fijar precios más altos para ganar más? Si alguien lo hace, lo más seguro es que al poco tiempo deba cerrar o vender el negocio, ya que son los propios comerciantes o fabricantes quienes deben preocuparse por mantener un precio que guste al público, de lo contrario, fracasan, a menos que sean negocios muy lujosos y selectivos, sólo accesibles a personas con mucho poder adquisitivo que prefieren pagar más a cambio de lujo, comodidad y servicio personalizado.

Son los gobiernos con su poder y sus preferencias quienes crean los monopolios y los acaparadores, ya que es por su intermedio que se consiguen las licencias de importación, los permisos para los negocios y hasta los dólares preferenciales. Igual sucede con la distribución de lo que producen las ineficientes empresas estatales.

Otro de los motivos por el cual las regulaciones hacen que todo nos cueste más caro, es porque son tantos los artículos que se producen y tantas las diferencias que existen en los costos de producción de una fábrica a otra, o de un comercio a otro, que es muy difícil definir los costos, por eso a los funcionarios no les queda otra alternativa que acomodar los precios de acuerdo a los costos y a las quejas de los más ineficientes, que quedan protegidos de la quiebra con los precios de venta al público

En cambio, en un mercado libre de regulaciones, cada quien se defiende como puede. Los ineficientes se ven obligados a competir con los más eficientes, tanto en precio como en calidad. O corrigen y se adaptan al mercado, o desaparecen. Esto se traduce en una mayor preocupación por parte de los productores para bajar sus costos, aumentar la calidad y mejorar los precios.

La única forma de que un negocio permanezca especulando y engañando a la gente es mientras esté protegido o monopolizado por el Estado.

Lamentablemente todavía hay quienes se empeñan en culpar a productores y a comerciantes. Y esto no es cierto. La única forma de especular por tiempo indefinido es mientras existan las regulaciones o imposiciones de precios por parte del gobierno, pues éstos le sirven de pretexto o de apoyo a los comerciantes ineficientes, y de engaño y confusión al consumidor. Igual son culpables de que algunas empresas cierren, o dejen de producir algunas cosas, porque, bien por ignorancia o por causas electoreras o populistas, luego de aumentar los salarios o devaluar la moneda, no les permiten aumentar los precios de los productos. Esto causa desabastecimiento, y éste, encarecimiento, creando un círculo vicioso que empeora a mediano plazo al paralizar las ampliaciones previstas y los proyectos de nuevas empresas que vendrían a producir, a competir, y a llenar una necesidad en el mercado. La libertad económica, al regirse por la oferta y la demanda, pone fin a todas estas irregularidades, pues todo el mundo es libre de ponerle precio a lo suyo, generando competencia, abundancia y precios bajos. A la vez se eliminan los fiscales de "protección al consumidor", los cuales se verán obligados a trabajar en algo productivo y a contribuir con el abastecimiento. Así mismo cesarán los constantes sobornos a comerciantes y fabricantes, lo que a su vez significaría menores costos de producción y precios más bajos al consumidor.

¿SON BENEFICIOSOS LOS AUMENTOS DE SALARIO POR DECRETO?

Así sean de salarios mínimos, y se vean a simple vista como algo justo, *los aumentos de salarios por decreto son perjudiciales.*

Los aumentos de salarios por decreto son como un bumerán, que regresa, pero dejando a todos en peores condiciones económicas de las que estaban antes de los aumentos, sobre todo a los trabajadores. Muchos países pasaron por esto, y en todos, los empleados y trabajadores redujeron el poder de compra luego de los aumentos. Por eso es extraño que alguien insista aún en los aumentos por decreto, a menos que realmente desee el mal para los pobres, que en definitiva son los más perjudicados.

Porque cuando un gobierno obliga a toda la economía de un país a aumentarles el sueldo a los trabajadores, se producen una serie de fenómenos negativos que van en perjuicio de todo el mundo y que a continuación trataremos de exponer: Muy pocas personas no estarán de acuerdo en que los empleados y trabajadores ganen más para comprar más. Pero los aumentos generales por decreto, al igual que los de salarios mínimos lo que hacen es perjudicar a los trabajadores y a todos en general, pues lo único que logran es ganar más para luego comprar menos de lo que compraban antes de los aumentos.

Y no se trata de que el problema sea especulativo como le hacen creer a gran parte de la población. Si ésta fuera la razón, los obreros y empleados en los países totalitarios en manos de la izquierda vivirían como reyes, pues siendo el gobierno o el partido el dueño de los medios de producción, bien podría decretar los más altos aumentos de sueldo para todo el mundo, manteniendo los precios a los productos. Sin embargo no lo hacen, por la sencilla razón de que tendrían más dinero para comprar, pero sobre la misma cantidad de bienes y servicios. Lo único que lograrían sería aumentar las colas (filas) y los racionamientos, que no son más extremos gracias a la generosidad de los países capitalistas de los cuales obtienen comida, tecnología y financiamiento.

El principal problema consiste en que es muy fácil decretar y hacer cumplir el aumento de los salarios, pero imposible decretar y hacer cumplir el aumento de la producción. Esto significa que en realidad lo único que logran con los aumentos por decreto es repartir más dinero sobre los mismos bienes. Si allí quedaran las cosas no sería tan grave el asunto, pero suceden otra serie de fenómenos negativos que empeoran la situación. Empezando porque las personas más necesitadas de cualquier país son los desempleados, y los gobiernos están en el deber de incentivar el empleo productivo para que éstos se favorezcan, pero al decretar nuevos salarios mínimos, logran todo lo contrario, o sea, aumentar el número de desempleados. Para colmo de males, a éstos les será mucho más difícil sobrevivir al dispararse los precios como consecuencia de los aumentos por decreto.

Y no es que se perjudique a una minoría mientras los demás se beneficien; la cruel realidad es que a corto plazo todo el mundo habrá salido perjudicado.

Otro fenómeno que ocurre con los nuevos salarios mínimos es que los trabajadores que ganan igual o por encima de lo fijado en el decreto, observan como otras personas sin esfuerzo alguno pasan a ganar lo mismo que ellos, y también se dan cuenta, que si a ellos no les aumentan el salario, saldrán muy afectados al no poder adquirir, con el mismo dinero, lo que compraban antes de los aumentos. Esto obliga moralmente a los patronos a aumentarles el sueldo también a los demás para evitar este deterioro, y a la vez mantener la diferencia de sueldo en aquellos que se lo merecieron. Lo cual equivale a casi a un aumento general de sueldos y salarios que es una de las principales causas de inflación porque incrementa el costo de la mano de obra y de todos los materiales que hagan falta para producir. Sin embargo, habrá muchas empresas, sobre todo las medianas y pequeñas, que no puedan aumentarle el sueldo a todos, lo cual será tremendamente negativo para los trabajadores y empleados que quedan con el mismo sueldo, y que tendrán que pagar todo más caro como consecuencia de los aumentos por decreto.

En cambio, cuando no existen salarios mínimos, o sea, en condiciones normales de libertad laboral, cualquier persona podría ser empleada a conveniencia entre las partes y de acuerdo a las posibilidades y necesidades de cada cual. Con ello se logran dos cosas muy importantes: una es que se le da trabajo al que lo necesita, quien aún ganando menos que los demás, lo prefiere a no estar ganando nada; y la otra es, que estos nuevos empleados, que antes eran una carga para la sociedad, comienzan a producir, lo que conlleva a un aumento en la oferta de bienes y servicios.

Otro inconveniente que se presenta con los aumentos por decreto, es que una gran parte de pequeños negocios se ven en la necesidad de funcionar con la familia: esposa, hijos, etc., como una forma de no ser afectados por el incremento de los salarios mínimos y por el consiguiente aumento de las prestaciones sociales, cuando las hay. Pero esta forma de operación es limitante, por lo cual causa estancamiento o detrimento de la economía. Porque debemos tener presente que las actuales grandes empresas, fueron en un comienzo pequeñas; por lo tanto, si a éstas no se les permite crecer, automáticamente acabamos con las futuras grandes empresas.

Otro problema que ya todos conocen, es que muchas personas se ven en la necesidad de irse al trabajo informal, con la consecuente proliferación de buhoneros o vendedores ambulantes.

Además, cuando no existen salarios mínimos, cualquier persona podría ser empleada por otra sin importar que tenga bajo rendimiento, o que no tenga experiencia en el trabajo; esto se compensa con el pago que acuerden patrón y trabajador, y en la medida que aumente su rendimiento o la experiencia en el trabajo, su sueldo se va equiparando con el de los demás. Esto a la vez es un estímulo para el trabajador, que tratará de rendir igual o más que los demás, y de hacer las cosas mejor para tratar de sobresalir y le mejoren el sueldo. En cambio, al obligar a pagar un sueldo mínimo, a quienes no puedan rendir igual que los demás, no les darán trabajo, o los despedirán de inmediato, muchas veces sin darse cuenta de la causa de su despido. También por esta causa son marginadas las personas de edad y los jóvenes inexpertos.

¿Cuántas veces a usted le habrá sucedido, que viendo a alguien necesitado, ha deseado emplearlo en cualquier cosa y pagarle de acuerdo a sus disponibilidades, y sin embargo se abstuvo, porque le obligan a pagar un sueldo mínimo con sus respectivas prestaciones sociales? ¿Cuántos negocios o empresas se truncan antes de nacer porque el futuro empresario no tiene lo suficiente para pagar un salario mínimo?

Otro aspecto negativo de los aumentos de salarios por decreto y de las prestaciones sociales obligatorias es que los trabajadores también se perjudican en cuanto a estabilidad en el trabajo, ya que, como una manera de esquivar las imposiciones del gobierno, los patronos tratan en lo posible de convertir los trabajos permanentes en ocasionales.

Otro inconveniente derivado de los aumentos por decreto es que disminuye la calidad de algunos productos, al no existir el estímulo suficiente en el trabajador a mejorar la calidad de su trabajo, o por lo menos a mantenerla con fines de mejorar su sueldo, sencillamente porque es el Estado quien toma el papel principal de mejorar el salario a todos, así no estén haciendo las cosas como debieran.

Los aumentos por decreto son igualmente perjudiciales porque aumentan los gastos burocráticos que son improductivos. Porque desvía los fondos que pudieran emplearse en mejorar la salud, educación, seguridad, o en financiar el aparato productivo. Y porque desalienta a los inversionistas, tanto a foráneos como a nacionales.

Por otro lado, en los países con economía de libre mercado y libre empresa, es una práctica común de cualquier empleador subir periódicamente los sueldos a empleados y trabajadores para incentivar, estimular, premiar y tratar de mejorar la productividad de la cual todos se benefician. Pero cuando el Estado se toma para sí esta práctica que no le corresponde, la tendencia de los empleadores es no aumentarles a los trabajadores para evitar doble aumento, o uno mayor si éste se hace sobre un porcentaje de lo que gane para el momento.

Por otro lado hay empresas que tienen mayores costos de producción y venden a más altos precios. Y al ser obligadas a aumentar los salarios, más los incrementos en la materia prima y de los servicios que vienen luego de los aumentos, tendrían que vender a precios más inaccesibles al público, por lo que muchas tendrían que cerrar, con las consecuencias negativas ya conocidas por todos como son: más trabajadores a la calle, y más atraso y más pobreza. Otras buscarían la manera de operar con menos trabajadores para poder subsistir, por lo cual también se perjudican los trabajadores en cuanto a estabilidad, pues algunos podrían despedirlos tratando los patronos de equilibrar o evitar la quiebra, lo que también sería muy negativo para todos, aunque no tanto como si las obligan a mantener el mismo número de trabajadores.

Los aumentos compulsivos de salarios también pueden obstaculizar las exportaciones porque aumentan los costos de producción. Igual ocasionan perjuicios y contratiempos por la incertidumbre y el temor de las primeras informaciones o especulaciones periodísticas sobre posibles nuevos aumentos.

Otro motivo por los cuales baja la producción es porque cada ente productivo -llámese negocio, industria o comercio- está en diferentes condiciones respecto a los demás. Y es ilógico pensar que un gobierno pueda dilucidar todos y cada uno de estos aspectos para luego adecuar un decreto para cada uno. Para mencionar algunas inconveniencias, en muchos casos estarán obligando al productor a repartir el dinero destinado a la inversión, y en otros el productor se verá obligado a despedir trabajadores para enfrentar los nuevos aumentos. Pero lo más perjudicial es el desánimo que cunde entre los productores e inversionistas, conscientes del mal que le hacen al país y a todos en general.

Los aumentos de salarios por decreto perjudican, porque sea cual sea el tipo de política económica que se llegue a implementar, el primer ingrediente para producir es la mano de obra, es lo único que está presente en todas las actividades productivas. Naturalmente, en una economía de mercado es lo primero que debe estar sometido a la oferta y la demanda.

Al dejar libre la mano de obra, ésta adquiere su justo valor: las personas diligentes, voluntariosas, responsables o más capaces serán más solicitadas y mejor pagadas; en cambio los flojos y los irresponsables se verán obligados a cambiar si desean conservar el empleo o ser mejor pagados. De igual forma, las personas más capacitadas que se preocuparon o se preocupan por aprender, también serán más solicitadas y mejor pagadas.

Ganar más para comprar menos, es hacerle un tremendo mal a todos los trabajadores y a la vez a todo el país en general. Lo que todo el mundo quiere es poder *comprar más* con lo que gana en el momento. Pero esto sólo se consigue dejando en paz a quienes trabajan y producen, para que así puedan conseguir cada quien en su ramo eficiencia y productividad, única forma de abaratar los costos y poder ofertar a un menor precio. Al quitar todas estas trabas, automáticamente reaparecerán los espontáneos aumentos de sueldo, que son normales en las auténticas economías de libre mercado aún en condiciones deflacionarias.

Es importantísimo, que tanto las empresas como los trabajadores tengan la libertad para acordar las condiciones de trabajo sin interferencias de ningún tipo. Los aumentos deben hacerlos los patronos para que haya el estímulo a aumentar la producción y a mejorar la calidad de lo que producen, lo que a su vez permitirá competir en los mercados nacionales e internacionales. Libertad laboral es otra diferencia entre los países que prosperan y los que retroceden o se estancan.

Cualquier país donde respeten la propiedad privada y dejen que el mercado fije las pautas, progresa rápidamente. Precisamente esto fue lo que ocurrió en Japón y en otros países asiáticos, y ahora también en China quien cuenta con mano de obra económica, diligente y disciplinada, esto hace que el trabajo se incentive al igual que las inversiones de capital. El progreso que genera puede llegar a emplear toda la mano de obra disponible, y revertir la situación: Los trabajadores se tornan caros, escasos y más solicitados, les sobran ofertas y se colocan en posición de exigir. Pasan a mejores condiciones socioeconómicas. Ocurrió en todos los países que se desarrollaron con economías de libre mercado, y sucede aún en países políticamente estables, con mano de obra económica y diligente, donde permitan funcionar al libre mercado, y no existan imposiciones para contratar o despedir trabajadores.

Una cosa son los aumentos de salarios por decreto que empobrecen, y otra muy distinta son los aumentos espontáneos a los cuales se hacen merecedores los empleados y trabajadores y que generalmente van acompañados de la prosperidad de la empresa.

Cuando los gobiernos se dediquen sólo a lo que deben y para lo cual son elegidos, como es garantizar el orden y proteger y respetar a todos los ciudadanos y a sus propiedades, la prosperidad llega sola, como lo demostraron muchos países. En cambio cuando un gobierno interviene, así sea intentando mejorar las cosas, e impone aumentos de salarios por decreto, inmediatamente afecta el proceso productivo y perjudica a todo el país, sobre todo a empleados y trabajadores que dependen de la prosperidad y el desarrollo de las empresas, sean estas grandes o pequeñas.

Los aumentos por decreto a fin de cuentas lo que hacen es repartir más dinero sobre los mismos, o incluso menos bienes de los que posteriormente habrían, de no haberse decretado. Este es el motivo principal de que pasados algunos meses el poder adquisitivo empeore para todo el mundo. Para colmo, se habrá perdido un tiempo valioso que redundará en más sufrimiento para los pobres y para los desempleados que en definitiva son los más perjudicados. Para evitar todos estos aspectos negativos los empleadores deberían tener la seguridad de que no habrá más aumentos por decreto, y para ello es importante que las economías de libre mercado estén protegidas por Ley contra este intervencionismo. Sin duda habrá mayor estímulo al trabajo y a realizar mejor las cosas.

¿PAGAR LO MENOS POSIBLE AL TRABAJADOR?

Los marxistas señalan que los capitalistas privados tratarán de pagar lo menos posible a los trabajadores para obtener mayor utilidad. ¿No será lo contrario? ¿Quiénes ganan más y viven mejor: los actuales trabajadores de las empresas estatales de Rusia y China, o los trabajadores de las empresas privadas de Estados Unidos, Canadá o Europa Occidental? Sin ir muy lejos: en Rusia y en China existen actualmente los dos tipos de empresas: las que aun siguen en manos del régimen, y las empresas privadas de los inversionistas foráneos. ¿Y en cuáles los trabajadores ganan más?

Porque todo buen patrón sabe, que para prosperar y ser eficiente, el trabajador debe estar contento, debe estar a gusto, entusiasmado, incentivado y bien pagado de acuerdo a las posibilidades del negocio. Los trabajadores descontentos son improductivos, no dan rendimiento, trabajan de mala gana y perjudican a la empresa. Por lo tanto, el interés del patrón inteligente será siempre tener al trabajador incentivado, tenerlo lo mejor posible, lo más entusiasta posible; de lo contrario fracasa como patrón y como empresario, y otro vendrá que tendrá que hacerlo mejor, o seguirá por el mismo camino. Pocos casos se habrán dado en donde los empleados y trabajadores no mejoren su nivel de vida mientras prosperaba su empresa.

Por regla general, cuando una empresa prospera, sus empleados y trabajadores también. Cuando una empresa progresa, es bueno para sus propietarios, es bueno para sus empleados y trabajadores, es bueno para el país, y es bueno para los consumidores que también se benefician.

Debemos tener presente que el patrón o propietario es un simple administrador de unos bienes que en la práctica son de todos. Tanto es así, que él puede morir y las empresas siguen allí beneficiando al país y a todos sus ciudadanos.

Ciertamente, hay patrones desconsiderados. Aunque son raros, porque obviamente casi todos fracasan. Pero, ¿acaso al pasar las empresas a manos del Estado se van a topar los trabajadores con un jefe mejor? Generalmente los patrones más déspotas los tienen estos regímenes, sea porque el partido les apoya, o porque no tienen competencia, o porque los trabajadores deben aguantar callados, pues es el mismo patrón por todos lados, que dicta las condiciones las cuales todos deben acatar. En cambio en un sistema de libre mercado y libre empresa, estos abusos se corrigen solos, pues los trabajadores son libres para buscar un mejor patrón o un mejor trabajo y no tienen que aguantar atropellos de nadie. Además, al crecer la economía en estos países y escasee la mano de obra, los trabajadores son más apreciados y mejor pagados, como en efecto ha sucedido en Japón, Taiwán y en otros varios países que se han desarrollado. Y si en algunos no sucedió igual, fue debido a la afluencia de mano de obra que viene de otros países buscando mejor vida, o de refugiados que huyen de regímenes tiranos que llegan buscando libertad y trabajo a cualquier precio y compiten con los obreros y empleados ya instalados. Este es el caso en Estados Unidos y España.

Será muy difícil conseguir un patrón que intencionalmente haya disminuido los sueldos a los trabajadores para obtener mayor utilidad. Y si alguien lo hiciere, probablemente quede sin trabajadores, a menos que el país esté pasando por una crisis muy grande donde sea muy difícil conseguir otro trabajo. Pero sí hay casos en donde los trabajadores, en forma conjunta tomaron la iniciativa de reducirse los sueldos para salvar a la empresa que pasaba por dificultades, y prefirieron ganar menos antes que perder el trabajo.

Lamentablemente en algunos países, el salario de los empleados y trabajadores no viene dado por la oferta y la demanda, sino por las intervenciones del Estado que distorsionan y empobrecen.

EMPRESARIOS ¿DEBEN GANAR IGUAL QUE LOS DEMÁS?

Conversemos de cómo los empresarios y los administradores de las empresas, sin hacerle mal a nadie y beneficiando a más gente, se ganan el derecho a ganar más con relación a los demás empleados y trabajadores.

Tomemos una empresa del Estado y comparémosla con otra similar en cuanto a capital y número de personas que en ella trabajan, pero que esté administrada o supervisada por su dueño. Supongamos que las dos producen muebles. ¿Cuántos juegos producen cada una? Nos podríamos quedar cortos con las cifras, ya que no es sorpresa para nadie que una empresa administrada o supervisada por su propio dueño, es más eficiente que otra administrada por el Estado debido a razones mencionadas anteriormente en La plusvalía, así como por las ideas que van poniendo en práctica a través de los años para lograr una mayor producción y rentabilidad. Ahora supongamos que la empresa administrada o supervisada por su propietario, tenga el mérito de producir 30 juegos de muebles más al mes que su homóloga del Estado con los mismos costos. ¿No podría tener derecho el propietario a disponer de algunos de esos 30 juegos demás que ha producido, venderlos y usar el dinero para gastos particulares? Sin perjudicar a nadie y beneficiando a más gente, los vende y compra lo que desea, *si es que las demás empresas también producen mayor cantidad de bienes y servicios de las que producirían si las administrara el Estado.* Al producir todos eficientemente, todos se ganan el derecho a intercambiar algo de lo que producen en demasía para usarlo en su propio beneficio. Lo planteamos de esta forma para hacerlo más entendible. Lo normal es que, con una parte del dinero de las ventas de lo que producen en demasía, compren lo que desean.

¿Y cuánto más no producirían todas las empresas del Estado de haber funcionado privadamente todo el tiempo? Probablemente se habrían convertido en verdaderos gigantes, beneficiando a más gente y pagando mejor a los trabajadores, como sabemos sucede en las grandes empresas privadas.

¿ES INSANO EL LUJO?

Muchos tienden a criticar a quienes compran carros lujosos, o residencias muy grandes, o cuadros y adornos muy valiosos. *Pero a nadie le hacen mal. Realmente lo que hacen es bien. Pues al gastar en esas cosas benefician a muchos que también necesitan vivir y comer.* Por ejemplo: si es en una casa, dan empleo al carpintero, al electricista, al ingeniero, al arquitecto, al albañil, al plomero, al obrero y a la infinidad de personas que toman parte en la fabricación de todos los materiales que se usan en su construcción. Igualmente cuando compran un carro lujoso, le dan de comer a todos los que intervienen en su fabricación, y a todos los que directa o indirectamente aportaron materiales o piezas para su construcción. Y si compran una linda joya, un fino adorno o una buena pintura, le darán de comer a todos aquellos artistas que de acuerdo a la calidad de su obra se verán económicamente retribuidos. ¿O acaso los artistas no tienen derecho también a vivir y a comer? Y si los particulares no pueden comprar las obras de arte, ¿quién entonces las compraría? ¿Acaso el Estado estaría en la obligación de comprar los cientos de millones de obras de arte que puedan producir pintores, escultores y artistas de la más diversa gama que existen en el mundo? ¿No gastarían más en mantener la burocracia que haría falta para catalogar estas obras, y decidir, hasta quizás de manera incorrecta e injusta, qué cuadros vale la pena dejar, cuáles eliminar, y cuáles serían merecedores de premios? ¿Y éstos quienes los recibirían? ¿Acaso no serían los apadrinados por la gente de más influencia y poder? En cambio en un mercado libre, todo adquiere su justo valor, pues todo el mundo es libre para calificar, desechar, ofrecer y comprar, sin la *parcializada* influencia de quienes controlen todos los medios de información y opinión.

De igual manera, cuando criticamos a un millonario porque ha gastado una suma escandalosa en una fiesta, lo juzgamos mal. Cuando decimos que ha despilfarrado el dinero habiendo tantas personas necesitadas, se le está juzgando equivocadamente. ¿Acaso, al hacer la fiesta, no está distribuyendo el dinero y cumpliendo una labor social? ¿O *acaso no tienen derecho a comer todas las personas que trabajan y aportan las cosas para que esa gran fiesta se dé?* Desde el agricultor que siembra las flores, el transportista que las trae, los artistas que hacen los arreglos florales, los que alquilan la utilería, los cocineros que preparan la comida, los mesoneros, los obreros y empleados de las fabricas de licores, refrescos y hielo. Los del hotel que alquila el salón. Los fotógrafos, los decoradores, los músicos, en fin. Todos tienen derecho a vivir y a comer. Y prohibir que estas grandes fiestas se den, sería perjudicar a millones de personas y obligarlas a vivir de otra manera al impedirles ejercer su profesión. En realidad, quien hace la fiesta lo que hace es dar trabajo a los demás. Lo importante es que existan los suficientes bienes de consumo para que todos los ciudadanos puedan adquirirlos en el momento que los necesiten. No hay pecado mientras no se desperdicien la comida y los bienes. Realmente las personas que van a una fiesta lo que hacen es cambiar el sitio de comer. En vez de cenar en su casa, esta vez lo harán en el salón del hotel o del club. Y a nadie deben prohibirle que algunas veces coma fuera de su casa, así como que en ciertas ocasiones coma menos, coma más, o deje de comer.

Todos tenemos el sagrado derecho a vivir de la manera que nos plazca mientras no perjudiquemos a los demás. Desde quienes se dedican a hacer artículos de lujo, como los artistas que hacen joyas en oro y piedras preciosas, o los que hacen adornos en cerámica o cristal, o quienes arriesgan su vida buscando tesoros perdidos en el fondo del mar. O como aquellos artistas capaces de hacer cuadros tan excepcionales que solo un gobierno o los más ricos podrían comprar. Pero, ni éstos en un país libre, pueden igualar el poder que tienen los altos funcionarios en un país totalitario marxista. Con la gran diferencia de que en un país libre todas las personas con facultades y voluntad suficiente pueden conseguir algo de poder por méritos propios, por medio de la superación personal, la creatividad y la constancia, y sin estar atenidas a decisiones de burócratas. Mientras que en los países totalitarios, el poder se monopoliza y eterniza, y posiblemente en personas sin capacidad o sin méritos para ello.

CONTROL DE NATALIDAD

Con frecuencia observamos en los medios de información y opinión conmovedores reportajes realizados en sitios de extrema pobreza. El espectáculo es deprimente: viviendas miserables y penurias que relatan las madres entrevistadas con su tanda de muchachos mal nutridos y harapientos.

Es lastimoso ver a los más necesitados tratando de levantar proles tan numerosas, a pesar de que no deseaban tener tantos hijos. Se les hace difícil evitar los embarazos por falta de orientación o de recursos. Y hasta ignoran muchos de los diferentes métodos para evitarlos. ¿Cuántas familias pasan necesidades por tener tantos hijos? ¿O acaso no son los más pobres quienes generalmente tienen las familias más numerosas? ¿No serían muy distintas las cosas si en vez de ocho fueran *dos* los niños que tuvieran que alimentar, vestir y educar?

¿Cómo pueden abandonar a los más pobres a tener todos los hijos del mundo, para que luego sean las demás personas quienes directa o indirectamente deban alimentarlos, curarlos, vestirlos y educarlos? Este mundo marginal es la carne humana de la cual se nutren muchos reportajes de aquellos que aparentan desvelarse por la causa de los pobres. Es la hipocresía en su máxima expresión: por un lado son abandonados al macabro destino de traer niños al mundo por docenas a pasar hambre y necesidades, para luego explotar ideológicamente esta situación. Se nutren de ésta como el vampiro de sangre para sobrevivir.

¿Se preocupan los medios de información y opinión en los países libres por ayudar a solucionar este grave problema del cual se derivan muchos más? ¿Se preocupan los jerarcas de las diferentes Iglesias por orientar a sus feligreses tan siquiera dentro de la obsoleta reglamentación católica que solamente permite evitar los embarazos por el método del ritmo? ¿Tan grave pecado es hacer uso de algún otro medio anticonceptivo? ¿Acaso una pareja sólo debe tener relaciones íntimas con el único fin de tener hijos? Si ello fuera así, sería pecaminoso tener relación con la esposa embarazada, o cuando no esté en días fértiles, o después de la menopausia. Con la facultad que Dios nos da para discernir y diferenciar el bien del mal, creemos que es más grave pecado dejar traer miles de niños al mundo a pasar hambre y necesidades. Ya es hora de que la Iglesia se modernice en este aspecto, y la iglesia somos todos.

No es problema de distribución de niños, ni de riqueza. Nada se gana con quitarles a unos para darle a otros. El problema es de abandono, de crear conciencia, de orientar y ayudar a quienes lo necesitan. Y no es tan difícil de lograr, ni tan costoso como para no poder financiar. Enfrentar este problema es muy sencillo si lo comparamos con el de resolver los más graves y complicados que se derivan de él.

El control de natalidad en una sociedad es tan indispensable, tan civilizado, tan humano, tan inteligente, como lo es la vacuna para prevenir la enfermedad. Así como existe una abismal diferencia entre el costo de una vacuna y el de la enfermedad, igual o mayor diferencia existe entre una planificación familiar voluntaria, a lo que significa para la sociedad los altísimos costos de alimentar, vestir, curar, educar o encerrar a quienes sus padres no deseaban porque no tenían tiempo ni los recursos para criarlos. Y porque al llegar a adultos les cueste conseguir un trabajo porque no se guardó una adecuada relación entre el aumento de la población y el crecimiento económico.

Tampoco se trata de abandonar a los niños que actualmente necesitan ayuda. Esto sería como negarse a curar al enfermo porque desdichadamente no se vacunó. Pero una sociedad inteligente y civilizada no puede seguir actuando en forma primitiva e irresponsable: Que prefiera enfrentar la muerte, el sufrimiento o los altísimos costos de curar la enfermedad, a la prevención inteligente y económica de la vacuna, como es una planificación familiar de acuerdo al querer y a las posibilidades de la pareja. Tampoco se trata de estar de acuerdo con el aborto. Ni llegar a extremos como en China, donde existen penalidades y hasta obligan a las mujeres a abortar. No podemos más que compadecer a esta gente por lo inhumano de estos métodos que solo pueden darse en regímenes donde el fanatismo y la ideología están por encima de la vida de las personas. *Se trata de prevenir los embarazos no deseados en la misma forma que se hacen campañas para prevenir enfermedades.* Se trata de ayudar a los más necesitados. De cambiarles el macabro destino de traer niños al mundo a pasar calamidades. Se trata de evitar los graves problemas que originan en la sociedad. Se trata de revertir la situación en los países subdesarrollados. Que no existan trabajadores desempleados. Que la demanda sea mayor que la oferta. Así quedarían los trabajadores en situación ventajosa frente a los patrones que se verán obligados a pagar los más altos sueldos por la mano de obra que necesiten, sobre todo en los países libres donde todos tenemos plenas libertades, tanto para escoger el trabajo como el patrón que nos guste.

Pero es importante que los líderes de todos los países del mundo sepan y entiendan que la mayor parte de los nuevos nacimientos se producen en las superpobladas naciones del Tercer Mundo, mejor dicho, en aquellos países que encuentran hoy más dificultades para suministrar alimentos, agua, empleos y atención sanitaria a sus habitantes. Que la superpoblación es una causa de ruina y no un beneficio. Y que el crecimiento acelerado de la población constituye un freno al desarrollo económico.

CLASES DE DICTADURAS

El hecho de mencionar progresos ocurridos en algunas dictaduras no significa que estemos a su favor. Creemos que la democracia es la mejor forma de gobierno. Pero si podemos aprender de sus experiencias.

Algunas personas al referirse a las dictaduras, generalizan, como si todas fueran iguales. Otros por sus creencias políticas olvidan criticar a las más tiranas. Trataremos de ahondar objetivamente en ellas: a sus pronunciadas *diferencias,* tanto en lo económico como en las libertades que permiten a sus ciudadanos. Así como también a las que generan más progreso y bienestar.

Podemos dividirlas en cuatro categorías: Las férreas enemigas de la libre empresa, donde todo lo controla y es propiedad del partido, como la de Cuba. Las militares anticomunistas y partidarias de la empresa privada y del libre mercado como la de Pinochet en Chile. Las militares de izquierda, intervencionistas, nacionalistas y con fobia a los Estados Unidos. Y ahora las de izquierda que permiten las empresas privada como la de China. Y nada tiene de extraño que estas últimas puedan ser los futuros gobiernos del planeta, no por ser mejores, sino por el acaparamiento informático, económico y político.

Las más importantes, tanto por su poderío militar como por su expansionismo mundial, las dieron en llamar dictaduras del proletariado. Era la única forma de imponer estos regímenes de naturaleza tan radical, caracterizados por instaurar todo a nombre del pueblo. Probablemente para que éste tolerara el gran sacrificio humano que se les imponía, mientras esperaban un supuesto bienestar que nunca aparecería. En efecto, luego de muchas décadas de terror y del mayor sacrificio humano que pueblo alguno tuvo que soportar, el bienestar jamás llegó, y aquella *igualdad* que tanto pregonaban, *realmente lo era, pero de pobreza, atraso, escasez, tristeza y desesperanza.* Hasta que decidieron cambiar, y olvidando las fracasadas teorías marxistas, abrieron las puertas a la iniciativa privada y al capital extranjero, suprimieron los controles de precios, e

141

introdujeron incentivos a la productividad al igual que los capitalistas. Hoy China Continental progresa aceleradamente, aunque sigue siendo una dictadura.

Por otro lado tenemos las militares anticomunistas, respetuosas de la empresa privada, conservadoras en su política de libertad económica y dejan funcionar el libre mercado. Actualmente no sabemos haya alguna. Y al igual que China, son muchos los progresos económicos y sociales observados con anterioridad en dictaduras anticomunistas -y de los cuales los medios de información y opinión nunca llegaron a darle importancia- como la de Franco en España, Pérez Jiménez en Venezuela, o la de Augusto Pinochet en Chile, quien luego del estrangulamiento económico causado por tres años de régimen procomunista, experimento el mayor crecimiento entre las principales naciones de América al liberar su economía del control estatal. Milton Friedman, premio Nobel de economía, y maestro de muchos de los economistas *que* asignó Pinochet para la reconstrucción del país, señalaba: *"El verdadero milagro chileno no es que el sistema de libre mercado haya dado resultado, sino que el gobierno militar haya permitido que funcionara".* Estas dictaduras, casi siempre son de corta duración, y *dan mayores libertades.* De estas los que más se quejan son, por supuesto los comunistas y demás enemigos de la propiedad privada.

En cuanto a las libertades que les permiten a sus ciudadanos, *son más la diferencias entre una dictadura de izquierda y una de derecha:* Para empezar, las de izquierda mantienen encerradas y vigiladas a las personas todo el tiempo, pues casi todas quieren huir. Por ello solamente dejan salir del país a aquellas que el régimen autorice. Muy distinto es en las dictaduras de derecha, donde toda persona común y corriente, puede salir y entrar libremente al país cuantas veces quiera y sin interferencias del gobierno, mientras no conspire abiertamente contra el régimen.

Otra gran diferencia entre las dictaduras de derecha y las de izquierda es que estas controlan totalmente la compra y venta de monedas extranjeras. Sólo consiguen divisas los autorizados por el régimen. Mientras que en las dictaduras partidarias de la libre empresa, *todos los ciudadanos, incluyendo a los izquierdistas pueden comprar divisas en los bancos sin ninguna restricción.*

*Otra **descomunal diferencia** es que las dictaduras de izquierda **se apropian de todos los medios de información y opinión, y monopolizan toda la información y la opinión**,* para lo cual seleccionan exclusivamente personal que comparta sus ideas políticas, tanto en la prensa escrita: diarios y revistas, como en los programas de radio y televisión, en los cuales censuran todo lo que sale a la luz pública, además de criticar todo lo que sea capitalista y enaltecer a todo lo que sea de izquierda. Muy distinto de las dictaduras partidarias de la libre empresa, que por no ser dueñas de los medios de información y opinión, ni tener acceso a la escogencia de su personal, les es muy difícil evitar que salgan a la luz pública noticias u opiniones desfavorables al régimen. Y aunque no sean enfrentamientos agudos, dejan en claro cierto grado de oposición a la dictadura, lo que influye negativamente en su popularidad, así como en las decisiones que se tomen o dejen de tomar en perjuicio de su estabilidad y del progreso económico.

Por último tenemos las militares nacionalistas, populistas, intervencionistas y anti yanquis, que nacionalizan bancos, empresas extranjeras, y propician o permiten las invasiones de terrenos y el irrespeto la propiedad privada. Estas dictaduras crean mucha confusión y desconfianza, *y son todo un fracaso*.

No obstante, muchos medios de información y opinión se ensañan con las ya raras dictaduras de derecha que son las más benévolas, y olvidan criticar a las más tiranas de izquierda. Igual podemos decir cuando se refieren a los *dictadores*: Mientras a los de derecha los llaman como realmente son, a los de izquierda, más tiranos, les llaman presidentes. O mientras a las dictaduras anticomunistas les niegan públicamente sus éxitos económicos y logros sociales, y hasta les hacen largas campañas para derrocarlas, a las de izquierda les esconden sus crímenes, sus fracasos sociales y económicos, y hasta les hacen propaganda.

Hoy sabemos de muchos cambios ocurridos en las dictaduras de izquierda, sobre todo en el aspecto económico.

La apertura a los inversionistas extranjeros es lo más importante. Fue el evidente atraso científico y tecnológico, así como la escasez de los más elementales bienes y alimentos quien las llevó a efectuar dichos cambios. También el darse cuenta que no podían seguirle mintiendo a su rebaño, y seguir culpando de sus males a los capitalistas. Las circunstancias los obligaban a cambiar y adoptar métodos de producción capitalistas. En poco tiempo la apertura al libre mercado y a los inversionistas extranjeros ha dado sus frutos. China se ha convertido en una gran potencia, el nivel de vida mejora día a día, y es hoy uno de los principales países exportadores del mundo. Pero sigue siendo una dictadura, lo que demuestra que quizás *lo más importante para progresar*, además de *estabilidad* política y *seguridad* personal, es *respeto a la propiedad privada*, y *libertad a las empresas y a las personas para crear, contratar, producir, comerciar y dirigir sus negocios con la menor interferencia del gobierno*. Y que el fracaso o el éxito económico dependen más que todo de las políticas económicas que adopten, y de la confianza que generen en los partidarios del libre mercado y de la libre empresa. Igual podemos decir de las democracias, que por el sólo hecho de serlo no garantizan el éxito económico.

LOS DAÑOS DE LAS GUERRILLAS

Sesenta mil muertos en Hiroshima y cuarenta mil en Nagasaki fue el saldo de las dos únicas bombas atómicas lanzadas sobre la humanidad. Y todavía hoy a más de 60 años nos lo recuerdan los medios de información y opinión. No obstante, estas muertes no fueron en vano, causaron la rendición de Japón para que terminara la Segunda Guerra Mundial, lo cual salvó de la muerte a millones de personas si la guerra hubiera continuado.

Sin embargo, solamente en Colombia las guerrillas asesinaban a más de doscientas mil personas, más del doble de las causadas por las bombas de Hiroshima y Nagasaki, además de los inhumanos secuestros y miles de heridos y desaparecidos. Y todo esto ocurría sin la mayor trascendencia. ¡Cuántos personas muertas y desaparecidas! ¡Cuánta gente valiosa que prefirió irse! ¡Cuántas fincas abandonadas! ¡Cuántas empresas truncadas por el desánimo! *Y aún así a pesar de todo, Colombia progresaba. ¡Hay que admirar al pueblo colombiano! ¡Hay que admirar al sistema de libre empresa que aun con esta inmensa tragedia, Colombia ha progresado! Pero, ¿cómo estaría hoy de moderna, bonita y desarrollada de no haber existido estas guerrillas?* Afortunadamente las guerrillas tienden a desaparecer. Las aludimos para recordar los daños que hacen a los países de libre empresa. Afortunadamente estos grupos en Colombia ya están casi aniquilados. Sobre todo por el gobierno presidido por Uribe, uno de los presidentes más queridos por el pueblo colombiano, y ahora por el presidente Santos. Sin embargo, fue entonces cuando internacionalmente se preocuparon los medios de información y opinión por llegar a un acuerdo con los derrotados, quizás más preocupados por la suerte de los jefes guerrilleros, que por todos los que aún se encuentran secuestrados y desaparecidos, los cuales, lamentablemente, lo más probable es que hayan sido asesinados. ¿Y por qué estos medios tuvieron tantos años de brazos cruzados permitiendo los graves daños y el genocidio inútil de las guerrillas marxistas? ¿Por qué no apoyaron a los Estados Unidos -por lo visto los únicos que se preocupaban- en la lucha contra la

145

guerrilla y el tráfico de drogas? ¿Acaso por hacerse llamar ejércitos del pueblo y todo a nombre del pueblo, les daba el derecho a asesinar, a secuestrar, y a querer llevar a todos a la más moderna esclavitud? Pobres países donde llegaba esta liberación: Etiopía, Yemen del Sur, Angola, Camboya, Vietnam, Corea del Norte, Cuba. A todos les condenaron a vivir en un régimen carcelario de plena obediencia y despotismo, incapaz de alimentarse a sí mismo y de dar un mínimo de libertades. Nadie puede culpar a quienes se defienden de estos grupos que se financian con algo tan deplorable como el tráfico de drogas y el secuestro de personas a las cuales asesinan cuando no cumplen sus exigencias. No es posible que un pueblo que ama su libertad, su independencia, su sistema de vida, su religión, sus propiedades, entregue su país y acceda a la esclavitud sin protestar ni derramar una gota de sangre. Nadie debe quedarse de brazos cruzados contemplando los enormes daños de las guerrillas marxistas. Y es que los daños no son solamente para los países donde operan, *sino también para todos aquellos donde introducen las drogas. Toda una tragedia.*

Pero el instinto de conservación es innato en todos los seres vivos que existen sobre la tierra, incluyendo naturalmente a los seres humanos. Todos tenemos el sagrado derecho de defendernos. Todos tenemos el sagrado derecho de defendernos de la maldad y la agresividad de los demás. Nadie puede ser culpado del daño ocasionado a otro cuando actúa en defensa propia. Y con más razón cuando se trata de defenderse de las atrocidades que cometen a sangre fría y sin justificación los guerrilleros y terroristas marxistas. Fue el caso de la sociedad colombiana: Que mientras los gobiernos de turno muy poco hacían, o querían hacer para reprimir y acabar a estos criminales, en parte quizás por no poder responder con los mismos métodos con que operan estos delincuentes, pues debían respetar las leyes y la Constitución. La sociedad colombiana al verse desamparada por el gobierno, se vio obligada a actuar en defensa propia, y creó comandos pagados para combatir a estos criminales que dieron en llamar de auto defensa o paramilitares, y que al igual que los guerrilleros actuaban al margen de la ley. Pero que, sin lugar a dudas, *nacen como consecuencia y para defenderse de la acción de la guerrilla.* Lo más injusto es que en democracia no hay motivos para iniciar movimientos guerrilleros, mucho menos para secuestrar y asesinar, porque las democracias son pródigas en libertades y oportunidades para todos. Es en los países totalitarios donde podrían justificarse las guerrillas, porque allí la gente opositora ni siquiera tiene derecho a opinar o a difundir sus ideas. No obstante era común observar medios de información y opinión ser tolerantes con las guerrillas marxistas, mientras condenaban a las autodefensas creadas para defenderse de ellas. *Y llegar al colmo hasta de imputarle crímenes cometidos por las guerrillas marxistas.* Tampoco fueron capaces de entrevistar a tanta gente que estaba de acuerdo con defenderse de alguna forma de la guerrilla.

MILITARES DEMÓCRATAS

Todo el mundo sabe que las dictaduras militares de derecha son provisionales, casi siempre de corta duración, y que por propia evolución terminan otra vez en democracias. *Que los militares se ven en la necesidad de imponerlas* para impedir que los enemigos de la democracia y de la propiedad privada destruyan al país y tomen todos los poderes para entonces *imponer las verdaderas y eternas dictaduras marxistas con su implacable censura, represión, miedo y terror.* Y decimos *militares demócratas*, porque al salvar a sus países de la peor de las dictaduras, salvan la democracia de su país y la de países vecinos. Un gran reconocimiento al pueblo y a los militares hondureños que valientemente actuaron a tiempo. Ojala que en otros países los militares demócratas actúen a tiempo, igual que en Honduras. Afortunadamente las fuerzas armadas de este pequeño país aún no estaban al servicio del futuro dictador y actuaron a tiempo, antes que los echaran o colocaran de sirvientes como ha ocurrido en Venezuela.

Sin embargo observamos, cómo en algunos países, supuestos "demócratas" se empeñan en castigar a ex mandatarios por tener la buena voluntad y el coraje de salvar a sus países de los verdaderos y eternos enemigos de la democracia. Se empeñan en castigar a quienes, después de pacificar, transformar y llevar el progreso a su país, se desprendieron del mando para permitir el regreso de la democracia, con lo cual demostraron que no tenían ambiciones de poder, y que todo lo hicieron por amor a su pueblo y a la libertad. Fue el caso de Pinochet en Chile, detenido inicialmente en otro país por supuestas violaciones a los derechos humanos, y ahora también el caso de Fujimori en el Perú por las mismas supuestas razones. Mientras tanto se han paseado por el mundo y aún lo hacen verdaderos terroristas, asesinos y violadores de los derechos humanos como Fidel y Gadafi, y nadie los detiene para llevarlos a la cárcel.

Todo el mundo estará de acuerdo en condenar a secuestradores y terroristas, que tantas víctimas inocentes cobran en el mundo. Pero es ilógico y absurdo condenar a quienes salvan a sus países de las garras del comunismo y les devuelven la paz y la prosperidad. Que hubo muertos y desaparecidos, en toda guerra los hay, y si no enfrentan al enemigo, éste habría acabado con ellos. Y con más razón tratándose de comunistas que nunca han respetado derechos humanos, ni tratados de ninguna especie.

No pueden ser demócratas quienes se empeñan en condenar a estos ex mandatarios. Deben estar al servicio de los enemigos de la democracia. Pues, *¿quiénes más querrían condenar a quienes mejor deberían <u>condecorar</u> por salvar a sus países de los verdaderos enemigos de la democracia? ¿Quiénes más querrían castigar a quienes cumpliendo con el sagrado deber de defender a su país, impidieron a los comunistas perpetuarse en el poder? ¿Quiénes más querrían castigar a quienes –exceptuando a comunistas- todos sus paisanos les están agradecidos por tomar el timón del país y sacarlo de la ruina en que lo dejaron los izquierdistas?* ¿Quiénes son realmente los que se empeñan en castigar a estos patriotas? Por lo visto quieren dejar a la deriva y sin defensa a las democracias ante el totalitarismo comunista. Y por otro lado, futuros gobiernos militares que aún pudieran surgir para salvar a sus países del comunismo, tendrían que pensarlo dos veces antes de entregar el poder a quienes bien pudieran ser sus propios verdugos.

Es el colmo: Ver magistrados y gobernantes que se jactan de "demócratas", por un lado, tratando de condenar a quienes salvaron a sus países de la peor de las tiranías, mientras por otro lado intentan negociar y dejar en libertad a jefes guerrilleros y terroristas, verdaderos asesinos y enemigos de las democracia. *Así están las cosas.*

LA FRÁGIL DEMOCRACIA

No tenemos la menor duda que *la democracia es el mejor sistema de gobierno*. Pero debido a las muchas libertades que permite, es por ahora también el más *difícil, complejo y vulnerable:* No hay un período de gobierno, por muy bueno que este sea, donde todos estén de acuerdo con él, y por ende que no tenga oposición. Es el único que por su misma naturaleza, está sometido constantemente, día tras día y año tras año, a las críticas y presiones de todos los sectores del país: políticos, económicos, sociales, ambientales, culturales, etc. Pero esta es la esencia misma del sistema democrático, pues son esas críticas, cuando se hacen de buena fe y deseos de aportar soluciones, las que día a día lo perfeccionarían y conseguirían más seguridad y bienestar, al máximo de su población en el mejor ambiente de libertad y respeto a las leyes. Lamentablemente muchas veces, los enemigos de la propiedad privada, no hacen las críticas con la finalidad de aportar soluciones, sino de perjudicar al sistema. Debemos tener presente que las auténticas democracias sólo han podido coexistir con la libre empresa, y que lo más noble de ellas es tratar de perfeccionarse de las bases hacia arriba buscando mayor seguridad y bienestar para todos. Lamentablemente todas no lo consiguen porque se lo impiden las mismas deficiencias que tienen, entre las cuales está la de permitir en su seno a sus enemigos, cuyo interés no está en perfeccionarla, sino en perjudicarla, para facilitarles tomar el poder.

Una de las grandes cosas buenas que tienen las genuinas democracias es que, *en estas las leyes las hacen los mismos ciudadanos, y por lo mismo son los únicos que pueden cambiar su manera de vivir.* Donde todos tienen derecho a exponer sus ideas y a rechazar o aceptar las de otros, o a expresar su satisfacción o su descontento por algo sin temores de ningún tipo.

Pero es imprescindible para cualquier proyecto de ley, discutirlo pública y ampliamente, con las mismas oportunidades tanto para los que están a favor, como para los que están en contra, para luego todos en votaciones dignas *decidir* si aceptan o no el proyecto.

En democracia los empleados públicos (incluyendo al presidente) son servidores públicos. Deben limitarse a desempeñar bien las funciones para las cuales son elegidos. Y estar conscientes que se les paga para *proteger a los ciudadanos de todo lo indeseable, como son los delincuentes y los inadaptados políticos.* **<u>Nunca</u> para <u>imponer</u> cambios a los ciudadanos en su manera de vivir, mucho menos para despojarle de sus bienes, lo cual es más grave delito que si lo hiciera por necesidad otro delincuente.**

Los empleados públicos son elegidos y se les paga para <u>facilitar</u> las cosas a los ciudadanos. Nunca para entrabar, desmejorar, encarecer o dificultarles más las cosas. *Y* son los primeros que deben cumplir las leyes y la Constitución.

Muy distintas son las cosas en las dictaduras, donde no hay leyes que valgan, y donde los ciudadanos están siempre sometidos por los funcionarios. Y cuando hacen elecciones sólo es para engañar y aparentar que hay democracia.

En democracia todos los actos políticos deben ser públicos, pues toda persona tiene derecho a saber la verdad de lo que se proponen hacer. Ya que sólo es posible conseguir cambios realmente provechosos, cuando todos los proyectos e ideas se basen en la verdad, pues cuando las personas votan engañadas ya *no es voluntad popular*. Y tanto los ciudadanos como los medios de información y opinión deben tener acceso en todo momento a los centros de votación para que todo el pueblo pueda observar el proceso. Y en los referéndums todos deben tener la misma cantidad de representantes en las mesas de votación y en los centros de recopilación.

Por otro lado, todo movimiento político o de cualquier otra índole que emplee métodos deshonestos para ganar adeptos, debe ser extirpado, y los culpables enjuiciados y castigados. Jamás permitir grupos o partidos con antecedentes delictivos. Y nunca justificar el mal para conseguir un fin. Se enseña con el ejemplo. No es posible enseñar el bien con el mal. La serpiente se mata por la cabeza. Y esta ha sido la gran farsa de los enemigos de la libre empresa, que mientras ellos violan las leyes constantemente, en forma por demás terrible y solapada, aspiran que los demás las cumplan.

Imaginémonos por un momento a todos los políticos actuando de buena fe, reconociendo lo bueno y criticando lo malo para corregirlo, y contribuyendo a perfeccionar al sistema para servir mejor a la comunidad. ¿Cómo serían entonces las democracias si en vez de daños recibieran ayuda? Y más sabiendo la capacidad que tiene el sistema de libre empresa para recuperarse de los daños que intencionalmente le hacen. No es que en las democracias incluso más perfectas se acabarán los problemas. Esto es algo que nunca se podrá evitar. Pero sin duda estarían reducidos a su mínima expresión.

Lamentablemente por falta de defensas sucumben muchas democracias. Por ello *es necesario que posean los medios de información y opinión*, porque su influencia es muy grande al influir en los votantes y en los gobernantes, de los cuales depende el futuro de todos los ciudadanos. Porque de seguir *los medios de información y opinión* en manos de la izquierda, *todo el poder económico y político mundial pasaría irremediablemente a sus manos.*

¿QUIENES SON LOS CORRUPTOS?

Los que han tenido la oportunidad de visitar países con regímenes totalitarios de izquierda, u observar sus calles en películas o fotografías, habrán podido observar la exigua cantidad de vehículos. (Aunque ya cambian las cosas debido a la inversión extranjera.) *Ver pocos autos no es debido a la casualidad, ni al momento, como podríamos suponer. Es sencillamente, porque la gran mayoría de las personas no tienen dinero suficiente para adquirirlos.*

Pues bien, *siendo los vehículos actualmente tan necesarios, ¿no estarían las personas más tentadas en esos países a conseguir dinero ilícito que les ayudara a obtener aunque fuera el más insignificante de los automóviles? ¿Qué les impide delinquir? ¿Por qué no hay mayor corrupción en la clase marginal de estos países?* Varias son las razones: *En primer lugar, por la estricta vigilancia que ejercen sobre cada persona. En segundo lugar, por temor al régimen y a ser denunciados. En tercer lugar, por el estricto control de la moral a su manera. Y en cuarto lugar y el más importante, por los severos castigos que incluyen la pena de muerte. En cambio en la clase dirigente, <u>si hay mucha corrupción.</u>* Pero los esclavos no se dan cuenta, *porque no hay libertad de expresión, porque los medios de información y opinión los controlan los altos funcionarios, porque no existe vigilancia de los periodistas, ni las denuncias de la ciudadanía, ni de otros partidos políticos que pudieran estar atentos a estas irregularidades como sucede en los países libres.* Muy distinto ocurre en las auténticas democracias, donde los altos funcionarios están sometidos a una mayor vigilancia de todos los sectores, y de los mismos ciudadanos que pueden denunciar a los corruptos sin el miedo que existe en las dictaduras.

Debería haber menos corrupción en los países con sistema de libre empresa, porque las personas de muy distintas maneras pueden ganar más dinero y mejorar su estándar de vida. Por ello siempre están pensando en qué vender, o qué servicio prestar, o qué inventar que le guste o le haga falta a la gente. Y hasta en sacarse la lotería. Es por eso que los países libres siempre están atiborrados de cosas para comprar. En cambio, en los regímenes dictatoriales de izquierda, la mayor preocupación de la gente es sencillamente, ¿qué poder comprar con el dinero que les dan? Y al no tener las mismas diversas maneras que existen en los países libres para mejorar su estándar de vida, deberían tener mayor tentación a corromperse para obtener lo que desean, siempre y que lo puedan conseguir. Lo que deseamos es dejar claro que en los regímenes de izquierda hay más incentivos para tomar dinero indebidamente. Que en la administración pública es más fácil tomar dineros ilícitos porque no hay dolientes. Y que entre más empresas y oficinas estén administradas por funcionarios públicos, más riesgo de corrupción habrá. Podría parecernos que hay más corrupción de alto nivel en los países democráticos, pero es porque en los totalitarios muy rara vez se hace pública, y el pueblo no se da cuenta. No olvidemos que en las dictaduras sólo se dan a conocer aquellos actos de corrupción que el gobierno quiere que se conozcan. *Y si internamente el pueblo no se da cuenta, menos pueden enterarse los que están afuera.*

También influye en la corrupción, la falta de una buena formación moral, cívica y religiosa. Pero sin duda, lo que más la incentiva es *la falta de castigos severos.* Porque ya entonces no la verían como un acto de viveza, sino como un delito grave. Sin duda, *el temor al castigo evita la corrupción,* y los regímenes totalitarios de izquierda castigan severamente. Tanto es así, que los casos graves incluyen la pena de muerte, y es delito grave, por ejemplo, que el administrador de una fábrica de camisas tome o venda algunas para quedarse con el dinero, cosa que un país libre, si llegase a castigarse sería apenas con la destitución. Si los países libres adoptaran iguales castigos, todas las personas tomarían conciencia que la corrupción es un delito grave, y entonces desaparecería. Este efecto del temor al castigo igual se observa en las dictaduras militares de derecha, en las cuales hay muy poca delincuencia.

La corrupción tampoco es debida a las privaciones, como algunos podrían suponer. La prueba más palpable es que la mayoría de los corruptos son funcionarios bien pagados, y no saben lo que es pasar hambre o necesidades. Recordemos que en los países libres son pocos los izquierdistas que se identifican, y están en todos los partidos y en todos los gobiernos.

La corrupción también se da en el sector privado, pero los casos son más aislados debido a la vigilancia que ejercen sus propietarios. Pero la más estrepitosa se da en los países subdesarrollados, sobre todo en los exportadores de petróleo, casi todos solapadamente tomados por los enemigos de la libre empresa. La ideología que profesan con sus prácticas inmorales les permite robar todo lo que pueden sin cargos de conciencia. Son delincuentes ayudados por una especie de complicidad permanente en los medios de información y opinión que propicia el olvido, sin que haya justicia. Son vulgares estafadores que hoy deberían estar presos si no fuera por esa "sociedad de cómplices" que hay en los medios de información y que se hacen de la vista corta. La legítima empresa privada lo que hace es sobrevivir ante la corrupción imperante. Son muchos los nuevos millonarios colocados como propietarios de grandes empresas, entre estas Bancos y sobre todo medios de información y opinión, comprados o fundados con dineros mal habidos provenientes, la gran mayoría, de países exportadores de petróleo en manos de la izquierda. Asociar al verdadero empresario con estos ladrones, es como culpar a los ganaderos por la vacuna que tienen que pagar a los guerrilleros para que no los secuestren.

La otra realidad sobre la salida de divisas es que muchos ahorros privados de pequeños y medianos ahorristas, así como de empresas grandes se van al exterior porque la gente quiere poner a salvo parte de sus ahorros y el futuro de sus hijos ante los desastres políticos y económicos de quienes tienen a su cargo la administración pública. Es un simple acto del instinto de conservación. *Estos ahorros, además de que nunca se irían, también regresarían si se crearan las condiciones adecuadas de seguridad y confianza.*

INSEGURIDAD ¿DE QUIEN ES LA CULPA?

¿De quién es la culpa de nuestros males? Ya hace 200 años Bolívar nos decía: *"La clemencia con el criminal es un ataque a la virtud"*. *"La corrupción de los pueblos nace de la indulgencia de los tribunales y de la impunidad de los delitos. Mirad que sin fuerza no hay virtud, y sin virtud perece la república"*.

En efecto. La delincuencia no es falta de presupuesto, ni de policías, ni de equipos. *El gran problema es la impunidad y falta de castigos severos que se respeten.* Y esto, a los ciudadanos, no les cuesta un centavo. Al contrario, les ahorraría mucho dinero porque no necesitarían de muchas cárceles, ni de tanto equipo, ni de muchos policías.

Hay países donde al que roba le cortan la mano. Sin embargo, nadie ve un manco por la calle. Sencillamente no roban. En muchos países la gente cuenta con leyes severas y castigos disuasivos que les protegen de ladrones y criminales. En otros en cambio, son los delincuentes quienes tienen leyes que los protegen y hasta les sirven para dejarlos en libertad. En cambio para las personas honestas y trabajadoras no existen derechos humanos. No sólo les quitan la vida, también les secuestran, privándoles de la libertad y hasta de sus ahorros de toda la vida. Y nadie sale a defender los derechos que supuestamente todos debemos tener para vivir y trabajar en paz. Y apenas sale alguna autoridad diligente dispuesta a enfrentar a los malhechores, como por arte de magia aparecen los defensores de los derechos humanos de los delincuentes. *Pero, ¿Por qué será que esto sólo ocurre en países donde los medios de producción están en manos privadas.* Es una gran injusticia que en estos países el castigo sólo sea para las personas honestas y trabajadoras que tratan de sobrevivir en un ambiente lleno de peligrosidad, corrupción e inmoralidad. Hasta los cuerpos policiales encargados de guardar el orden y la seguridad ciudadana se encuentran corrompidos, resultado de la misma impunidad o falta de autoridad y castigo, pues se cosecha lo que se siembra.

La delincuencia tampoco es consecuencia de la pobreza como algunos podrían justificarla. Por ejemplo:

Todos sabemos de las muchas carencias y necesidades que pasan las personas en las dictaduras del proletariado, como la de Fidel en Cuba. De acuerdo con esa hipótesis, la delincuencia ha debido proliferar, sin embargo no es así, *porque hay mano dura para los delincuentes.* Igual había muy poca delincuencia en las dictaduras militares de derecha como la de Franco en España, Pérez Jiménez en Venezuela y Pinochet en Chile. Pero luego, -no obstante la sabida prosperidad que experimentaron estos países durante estas dictaduras- al llegar la "democracia" y con ella los enemigos de la propiedad privada, *volvió a proliferar la delincuencia como consecuencia de la falta de autoridad y castigo.*

Hay padres y madres que desean lo mejor para sus hijos, los quieren como nadie, les complacen en todo, no les asignan trabajos ni les castigan las cosas mal hechas para no enfrentarse a ellos, o por temor a que les tomen rabia o mala voluntad, y hasta les justifican sus malas acciones y defienden ante los demás. ¿Y cuáles son los resultados? Generalmente recogen lo contrario de lo que esperaban de sus hijos, los cuales pueden llegar a ser un grave problema hasta para los mismos padres: no les respetan, les gritan, y llegan al colmo hasta de golpearles. En cambio aquellos padres que igual quieren mucho a sus hijos, pero basan su educación en la experiencia de los demás, actúan casi completamente al revés: les complacen sólo cuando lo creen conveniente. A pesar de que se quejan, les instruyen y les hacen trabajar. Les enseñan a ser ordenados y disciplinados, les castigan sus malas acciones, y no les justifican las cosas mal hechas. El resultado es una relación exitosa entre padres e hijos. Y estos quieren más a sus padres y les agradecen toda la vida el haberlos criado en un ambiente de orden, obediencia, trabajo y disciplina.

Igual sucede al gobernar un país, el cual es como una gran familia, y las personas que tienen la responsabilidad de dirigir, legislar o influir en la forma de educar, disciplinar y tratar a sus ciudadanos, son como representantes de esta gran familia, y cuando fallan, fracasa la familia, fracasa todo el país. Ha ocurrido en muchos países. Los gobernantes hicieron las cosas al revés: Quisieron ser complacientes con todo el mundo. Legislaron para que las personas trabajaran menos y reciban más. Se olvidaron de la moral y de las buenas costumbres. No se preocuparon por la disciplina, y una buena educación. Justificaron la delincuencia y el irrespeto a la propiedad privada a nombre de la marginalidad. Y los delitos muy poco se castigaron.

El delito prolifera cuando a falta de castigo se convierte en la forma más fácil de conseguir dinero, o de conseguir poder. Y más sabiendo que los cuerpos policiales, por los mismos motivos, explotan el mismo negocio. Veamos un ejemplo: Un oficial honesto detiene a un delincuente, este le ofrece dinero para que lo deje en libertad, el oficial no acepta el soborno y lo entrega a la justicia. Sin embargo, a los pocos días se entera que el delincuente se encuentra en libertad. El oficial, al igual que cualquiera de nosotros de estar en su lugar, se preguntará: ¿de qué sirvió mi esfuerzo, mi honradez y el riesgo que corrí? ¿De qué sirvió, sino para ganarme un enemigo? ¿No habría sido mejor aceptarle el dinero al delincuente? Al fin y al cabo ya está suelto, y yo tendría dinero en vez de un enemigo. Como bien podemos apreciar, el policía cumplió con su deber arrestando al delincuente, pero fue un esfuerzo vano. ¿Quién fue realmente el castigado? ¿Acaso no lo fue el agente de policía que ahora tiene un enemigo? ¿Quién no se desmoraliza cuando no hay castigo para el malo, pero en cambio sí lo hay para el bueno? Y no se trata de casos esporádicos, esto sucede en muchos países. Otra sería la situación en Venezuela y en otros países respecto a la delincuencia y la inseguridad personal si hubieran tomado en cuenta los pensamientos de Bolívar. He aquí algunos: *"..... La salud de una República depende de la moral que por la educación adquieren los ciudadanos en su infancia." "La enseñanza de las buenas costumbres o hábitos sociales es tan esencial como la instrucción..." "La impunidad de los delitos hace que éstos se cometan con más frecuencia: al fin llega el caso en que el castigo no basta para reprimirlos."*

PENA DE MUERTE ¿QUIÉNES LA APLICAN?

Debemos estar claros: Cuando funciona bien la justicia, no es necesaria la pena de muerte. Lo que ocurre es que desafortunadamente, en algunos países, en vez de ser la sociedad quien condene a los delincuentes, *son estos* (incluyendo secuestradores, guerrilleros y terroristas) *quienes condenan a muerte a las personas honestas, y sin distingos de sexo o edad, pues igual pueden ser mujeres, ancianos o niños.* Para colmo, la mayoría de las veces *impunemente*. En cambio en estos mismos países, las personas decentes, honradas y trabajadoras no pueden condenar a estos depravados criminales causantes de tanto daño físico, psíquico y moral, aún a sabiendas que podrían morir si acaso en un año media docena de criminales, *pero dejarían de morir asesinadas por los delincuentes miles de personas inocentes.* Porque todos sabemos que la pena de muerte no se aplica por crueldad, sino para *disuadir;* por eso en los países donde la aplican *son muy pocos los delitos.*

¿Hasta dónde llegaría el comportamiento humano si no existieran el premio y el castigo?

Y es que todos los actos del ser humano, hasta los religiosos, se basan en el premio y el castigo. Si uno anda por el buen camino será recompensado, si por el contrario anda por mal camino, será castigado. Las religiones cristianas nos enseñan que si morimos en pecado lo pagamos con el fuego eterno. *¿Podría haber acaso un castigo más severo?* Nos condenan a sufrir eternamente las llamas del infierno. Incluso, si lo analizamos desde el punto de vista práctico y religioso, cuando la sociedad condena a muerte a un delincuente, le hace un gran favor, pues le da la oportunidad de arrepentirse y salvarse de las llamas eternas del infierno. Oportunidad que, lamentablemente no tienen las personas honestas cuando son condenadas y ejecutadas por los delincuentes. Tampoco es contradictorio al mandamiento "No mataras", pues con ello se evita precisamente su múltiple violación. *No es lo mismo que de vez en cuando muera un delincuente ajusticiado por la Ley, que las miles de veces que profanan este mandamiento* *los delincuentes, guerrilleros y terroristas asesinando todo el año a personas inocentes, en grupos, o individualmente.*

Una sociedad organizada y moderna también necesita de castigos severos que se respeten. Lamentablemente, siempre existirán quienes se opongan a los castigos severos, porque como bien lo decía Bolívar hace dos siglos: ***"...siempre el ladrón tiene miedo de la justicia."***

Pero, *¿por qué los medios de información y opinión sólo critican la pena de muerte en los países capitalistas? ¿Por qué no critican la que existe en todas las dictaduras de izquierda?*

¿Quién puede afirmar que no exista más seguridad cuando el delincuente se encuentra incinerado o enterrado, a cuando está encerrado corriendo el riesgo de que se escape o lo liberen injustamente y siga asesinando a personas inocentes, como tantas veces ha sucedido? Además, los contribuyentes no tendrían que alimentarlo y mantenerlo indefinidamente a costa de su trabajo y de su bolsillo. Incluso, si hacemos una encuesta, podremos darnos cuenta que la mayoría de las personas está de acuerdo con castigos más severos para los delincuentes, incluyendo para algunos casos la pena de muerte. Y si democracia es hacer la voluntad del pueblo, ¿por qué entonces no cumplen su voluntad?

Ya al final de la corta dictadura de Pérez Jiménez, los venezolanos disfrutaban de prosperidad, pleno empleo, asistencia médica y medicinas gratuitas, educación ilimitada e igualmente gratuita, buenas vías de comunicación, erradicación de casuchas cambiadas por cómodos apartamentos, seguridad personal y *muy poca delincuencia. ¿Y acaso esta bonanza impidió la proliferación del delito como consecuencia de la falta de castigo o impunidad que siguió con la llegada de la "democracia" y de los izquierdistas?*

Hace algunos años, *como ocurre siempre al tomar el poder los izquierdistas,* aumentó mucho la pobreza en China. Y, ¿por qué no proliferó la delincuencia y la corrupción en ese país? De vez en cuando nos enteramos por la prensa de algunos casos de delincuencia y corrupción en China: "Ahorcados tres sujetos que asaltaron un transporte de valores". "Ejecutado funcionario corrupto en tal provincia de China." *¿Cómo podría proliferar el delito con tan ejemplares y disuasivos castigos? ¿Y acaso no están en lo correcto? ¿Acaso no es preferible que sea la sociedad quien elimine de vez en cuando a un depravado delincuente, a que sean los delincuentes quienes impongan la pena de muerte a cuantas personas se les antoje los trescientos sesenta y cinco días del año?*

Paradójicamente en los países de libre empresa, cada vez que la comunidad preocupada por la grave situación de inseguridad, propone reformar las leyes para imponer castigos severos que incluyan pena de muerte, *los primeros que se oponen son los izquierdistas.* Sí señor. Inmediatamente salen desde sus respectivos e influyentes puestos a oponerse a las reformas. Poco les importa que el noventa y nueve por ciento de las personas pidan a gritos reformar la Ley. Siempre tienen a la mano algún estúpido argumento. Estas singulares personas que en las democracias impiden castigar a los delincuentes, y atacan a quienes proponen sanciones que se respeten, son precisamente los grandes culpables del delito, de las muertes de inocentes, de la corrupción generalizada y de la inseguridad personal.

Al permitirle a un desquiciado criminal seguir en libertad, le causan un mal a todo el mundo. Es un mal intencional que lamentablemente hacen a todas las personas inocentes. En cambio al encerrarlo le hacen un bien a todo el mundo. *Por ello, el buen político busca y encierra al criminal.*

¿QUIÉNES SON LOS CULPABLES DE NUESTROS MALES?

Parece insólito que a estas alturas del siglo veintiuno, cuando ya el mundo debería tener solucionados casi todos sus problemas económicos y sociales, todavía haya crisis, terrorismo sin sentido, y muchas necesidades. Por ejemplo: Venezuela, con una de las mayores entradas de divisas del mundo proporcionalmente a sus habitantes, debería ser un país con el mayor bienestar del mundo, una moneda muy sólida, tener inmensas reservas, y ninguna deuda por supuesto. Fue en la dictadura de Pérez Jiménez, estando los activistas de izquierda exilados o en la clandestinidad, cuando los venezolanos vimos progreso y grandes obras, y para mayor trascendencia vendiendo el petróleo a menos de 2 $ el barril. Pero a partir de 1958, con gobernantes *populistas e intervencionistas de izquierda,* y no obstante recibir inmensas cantidades de dólares por los altos precios que llegó a alcanzar el petróleo, el país retrocedió, y para colmo lo endeudaron escandalosamente. ¿Y cuáles fueron las políticas que caracterizaron a estos gobiernos? Mencionaremos algunas: 1) Financiar a los partidos políticos y a los sindicatos con lo cual promovían la vagancia y los enfrentamientos. 2) Tolerar y exigir comisiones de las compras y obras contratadas por funcionarios públicos, por lo cual estos se convertían en los primeros corruptos y corruptores. 3) Instituir una burocracia consumidora de alimentos y bienes, pero a la vez incapaz de producirlos. 4) Falta de castigo y debilidad sistemática para con los delincuentes, justificando a éstos como "víctimas del sistema", lo cual trajo como consecuencia su proliferación, la inseguridad en todas partes y el desperdicio de grandes recursos materiales y humanos en vigilancia y protecciones. 5) Inexistencia de medidas tendientes a frenar la inmoralidad y a elevar el comportamiento cívico de las personas, causa del deterioro moral y el desmoronamiento de la familia y la sociedad. 6) Intervencionismo en la economía, incluyendo suspensión de las garantías económicas durante algún tiempo, y obstáculos al libre mercado con el inevitable freno a la producción, además de profundo malestar y falta de entusiasmo en la colectividad, factor indispensable para el progreso de un país. 7) Nacionalización de empresas, lo que hizo huir a los inversionistas extranjeros, generadores de riqueza, tecnología y bienestar. 8) Implementación de leyes y reglamentos laborales pésimos, que en vez de incentivar a producir y a trabajar, incitan al mal comportamiento, a la flojera, a la irresponsabilidad en el trabajo y a los enfrentamientos. 9) Proteccionismo ciego e indebido a las industrias instaladas en el país, creando monopolios de fabricantes y de importadores protegidos por los gobiernos, y obligando al pueblo a comprar a precios mucho más altos de lo normal. 10) Promover y tolerar las invasiones de terrenos rurales y urbanos incitando al desorden, violando el derecho de propiedad, y provocando desaliento en los productores, todo lo cual genera improductividad, desinversión, desabastecimiento y encarecimiento de bienes y alimentos. 11) Devaluaciones constantes de la moneda con las cuales empobrecen cada vez más a la población, y le quedan más dólares a los funcionarios para robárselos, llevárselos e invertirlos en la "*robo*-lución". Al reflexionar sobre todas estas y otras pésimas políticas impulsadas y toleradas por izquierdistas, y sumadas a las pérdidas materiales y humanas irreparables ocasionadas directamente por guerrilleros y terroristas, nos damos perfecta cuenta de quienes son los culpables de nuestros males, tanto en Venezuela como en otros países. Demás está decir que el gobierno que más dinero ha recibido y el que más daño ha hecho, es el de Chávez.

El gran problema es que siguen confundiendo a muchos jóvenes estudiantes, a los cuales, en vez de enseñarles lo bueno del sistema de libre empresa, se lo muestran como un sistema injusto, para luego estos muchachos creyendo saber el secreto de nuestros males, dediquen toda su vida a entorpecer el desarrollo en su país, y a generar más pobreza.

CUANDO NOS "EXPLOTABAN" LOS NORTEAMERICANOS

¿Y quién mejor que un ex trabajador de la industria petrolera para narrar la convivencia entre venezolanos y norteamericanos cuando estos poseían y administraban la industria petrolera?

El artículo que leerán a continuación fue publicado en un diario venezolano a mediados de 1982, y aquí reproducimos parte de él con permiso de su autor: R. A. Pampolini.

EL CASI PARAISO TERRENAL EN VENEZUELA

Por: R. A. Pampolini.

Es obligación moral y un pecado de omisión no reconocer un bien y no dar gracias a su creador.

Cuando el hombre logra realizar una obra que por su belleza, funcionalidad y genialidad ELEVA la vida de los humanos, cumple una acción santa. Es justo entonces, hacerla conocer con el fin de motivar e incentivar a los demás. Noble y bueno es pagar nuestra deuda hacia quien nos ha dado tanto.

Aquí estoy hoy, para describir algo inédito y que se refiere a cuando he tenido la suerte de vivir una experiencia interesante: La de trabajar para la compañía: CREOLE PETROLEUM CORPORATION en el área de La Salina (CABIMAS) de la Costa Oriental del Lago de Maracaibo, Estado Zulia, Venezuela.

Fue una verdadera revelación y sorpresa muy bella observar lo lindo de los campos petroleros "HOLLYWOOD" y "LAS CUPULAS", sus casas funcionales, nada de lujo, pero bellas, y sus calles bien construidas, bien mantenidas, con su grama siempre podada, con matas de todo tipo alrededor de las casas. Los servicios esenciales como luz, agua, gas y teléfono suministrados con criterios precisos de eficiencia, pero, sobre todo de funcionalidad, confiables. En los 5 años que tuve la suerte de vivir en "LAS CUPULAS" no

164

faltaron los servicios sino una sola vez y esto fue por pocas horas.

La Organización Americana, típica de CREOLE, manifestó todos sus talentos construyendo áreas para que el hombre viviera una vida digna y fructífera de bienes.

El hombre, cuyo don de vida debe contribuir para que la humanidad sea feliz, tenía a su alcance todo lo necesario para desarrollar por sí mismo el ambiente y sus alrededores.

Un área que mucho me agradaba era el patio de los talleres centrales: Grande y espaciosa, nivelada, asfaltada y bien construida. Simpáticos aspiradores de aire giraban en la cumbre de los techos; parecían grandes "espíritus de Dios con sus aspas en perpetua rotación... Los hombres de América saben planificar, saben de ingeniería de campo, y saben también de poesía. Decía yo que era lo mejor que había visto en mi vida. El patio de los Talleres Centrales era la más bella área diseñada por y para el hombre. Funcional, tanto, que daba gusto moverse con un carro por aquellos rincones: Un almacén a la derecha repleto de miles de equipos mecánicos y eléctricos en ordenados andamios metálicos, bajo una ventilación constante y fresca, que daba gusto buscar un repuesto en aquellos almacenes. El orden del almacenamiento, la cortesía de los encargados, las referencias rápidas y seguras, la certeza de encontrar el artefacto. Todo indicaba a ver con cariño los grandes Almacenes de la CREOLE.

A la entrada estaban los talleres del servicio eléctrico y daba gusto también entrar en ellos. Se notaba eficiencia, espacio y funcionalidad. Mucha cortesía entre norteamericanos y venezolanos. Gran deseo de colaboración y excelentes relaciones humanas. Los norteamericanos se ganaban el corazón de los venezolanos, y viceversa. Ambos se estimaban y se apreciaban: ir a trabajar con ellos era un privilegio.

A las 6 y 30 de la mañana nadie faltaba a su trabajo.

Y de regreso al campo, después de tantas labores interesantes, uno se sentía armonizado con Dios. De noche, el campo con sus luces, con sus bellas calles invitaba al reposo, a la reunión, a la comunicación. La comunidad CREOLE era verdaderamente un rincón de Dios. Los niños de regreso de la escuela nos daban la certeza del futuro: un gran futuro. Las escuelas eran bellas y funcionales. La escuela central de las Cúpulas era un sueño de escuela primaria. Espacio, luz, clases, ambiente, equipo pedagógico, asientos, pizarrones, etc. Todo bien diseñado y ordenado. Aquí el orden es sinónimo de belleza, de funcionalidad, de eficiencia. Benditos Americanos, como ellos sabían éstas cosas... lo mejor de ellos lo dejaron en aquellos campos tan placenteros, tan útiles para una vida feliz de la humanidad. Lo fácil que era visitar a los demás residentes de la comunidad, era otra ventaja grandísima de la vida en el campo.

Era placentero reunirse en la casa de un amigo, charlar, dialogar y tomar... un trago también. Si no, al Club, a pocos centenares de metros. No valía la pena trasladarse en un carro. A pie se llegaba al Club de La Salina, con sus facilidades y a la orden de los trabajadores y de las familias de la CREOLE. Conferencias, charlas, cine, estudio, lectura, bowling, tenis, piscina, todo a la mano del usuario. El servicio de limpieza era de permanente atención por parte de la empresa que mantenía las calles limpias, lindas, agradables así como los servicios del club. Qué ejemplo de eficiencia aprendimos en la comunidad con los norteamericanos. Hombres de estatura, no solamente en lo físico, sino también en lo moral. Cumplidores, serios, atentos y serviciales. Pedirle un favor a un "Musiú" era hacerle cosa grata: I'm very glad to please you... siento agrado en hacerle un favor... y a los muy cultos... yés, sir... let me help you... sí señor, permítame ayudarle... así también, nos decían las señoras gringas, llenas de ganas de servir. ¿Cuándo volveremos a tener un ambiente tan amable y armonizado como aquello?

Las Navidades más creadoras y evocadoras del espíritu del "Niño Jesús" fueron aquellas de los años que vivimos con los gringos de la CREOLE. Los campos se llenaban de luces y motivos navideños. Cada casa con sus arbolitos y sus niveles en las ramas. "Gingle Bell" y "Noche Buena" espaciando con sus notas musicales y las estrellas de los arbolitos de Navidad de cada casa. Un cielo terso, el cielo de la noche buena, haciendo ambiente por las alturas de los campos en perfecta armonía con la felicidad de la recurrencia natalicia. Las diferentes "lenguas" bajo el CIELO DEL NIÑO JESUS no hacían diferencias: el hombre bueno es amigo de todos, y los gringos y los criollos vivíamos en santa paz, celebrando la suerte de ser primero hijos de DIOS. Recuerdos gratos aquellos que llevaré conmigo para la eternidad: la fraternidad vivida en los campos petroleros. No se debe olvidar que la humanidad puede ser feliz si sabe fraternizar, si sabe reconocer lo bueno de cada uno, si sabe tolerar los defectos y sobre todo apreciar las tantas cosas buenas que son comunes a todos los humanos. Debemos obrar para que la gran experiencia de una convivencia entre gentes diferentes, como se realizó en los campos petroleros CREOLE no se pierda. Que se analice profundamente sobre la importancia de convivir y permitir que los talentos se desarrollen, así como ocurrió con los hombres del Norte que supieron darnos un modelo, una norma de cómo se puede vivir en una comunidad casi perfecta. Copiar y meditar sobre lo realizado por aquellos hombres es nuestro reto. No será fácil lograr tan grandes resultados, esto es verdad: pero debemos hacer todo intento por realizarlos.

Los norteamericanos lo habían visto en Europa, cuando llegaron a Italia al término de la segunda guerra mundial, llenos de amistad y de amor hacia el prójimo sufrido y armados solamente de una gran esperanza y nobleza en sus corazones, y la capacidad y el entusiasmo para ayudar a los demás y participar con sus bienes y sus ganas de vivir.

TERCERA PARTE

¿Rumbo a la tiranía mundial?

SILENCIOSA III GUERRA

Aunque muchos no lo crean, se libra en estos momentos. Y lo más triste es que muy pocos se dan cuenta porque no hay información de lo que ocurre. Y no hay información, porque los enemigos de la propiedad privada, apoderados no por casualidad de casi todos los medios de información y opinión, no tienen interés en difundirlo, "guerra avisada no mata soldados". Y siguen acaparando medios de información y opinión: *Las armas más efectivas de esta guerra.* Y no es por la fuerza, es de la manera más sencilla: los compran o instalan nuevos. Y aunque muchos no lo crean, ya controlan solapadamente a nivel mundial la mayoría de los canales de televisión, así como emisoras de radio, diarios y revistas con los cuales obtienen cada vez mayor poder para confundir, manipular y conformar a conveniencia una parcializada y generalizada opinión que les permitiría alcanzar todos los poderes, incluso dentro de los mismos Estados Unidos. *Y al conseguirlo, habrán ganado la tercera guerra mundial, y todos los países pasarían a ser territorios de un solo imperio.* Estamos pues al borde del abismo. Con los medios de información y opinión subyugan nuestras mentes, las cuales controlan nuestros cuerpos y nos convierten en lo que ellos desean. Han llegado al colmo de hacer documentales televisivos en español para hacerle creer a mucha gente que las Torres Gemelas no cayeron debido a los actos terroristas, sino que fueron meticulosamente cargadas con explosivos y dinamitadas por el gobierno de los Estados Unidos. Hace pocos días vimos un "gran reportaje" por el Canal de Historia en español donde, **en resumen,** quieren hacerle creer a la gente que el gobierno de los Estados Unidos por diferentes medios ya puede producir huracanes, terremotos y hasta grandes sequías, las cuales ya podría estar usando como devastadoras armas contra sus enemigos entre los cuales mencionan a Irán y a Corea del Norte. Y esto es sumamente grave porque lamentablemente muchos se dejan manipular fácilmente por los medios de información y opinión y no se percatan que el propósito de estos reportajes es sembrar el odio a Estados Unidos y justificar más el terrorismo.

Seguramente este canal también ha pasado a manos del enemigo.

Trátese de temas políticos, sociales, económicos o religiosos, *ya casi sólo podemos leer, ver o escuchar las informaciones y opiniones que el enemigo desea. Manipulan la información. Manipulan las encuestas. Y controlan la opinión al entrevistar solamente a gente de izquierda, sólo a sus "analistas",* incluyendo a supuestos empresarios que sólo son testaferros de la izquierda. En cambio, a los que defienden al sistema de libre empresa, aunque sean el noventa y nueve por ciento, *no los entrevistan.* Naturalmente*, cuando las personas sólo escuchan, ven o leen las opiniones del enemigo,* aunque piensen *correctamente* y lleguen a ser el noventa y nueve por ciento, pueden llegar a creer que todos piensan así, que ellas eran las únicas equivocadas, y con algunas excepciones las van llevando a pensar y actuar como sus enemigos querían. Y para disimular, podrían entrevistar de vez en cuando a algún opositor, pero siempre cortando lo que no quieren que la gente lea, escuche o vea. Y cuando el programa es en vivo, lo limitan a responder las preguntas por ellos seleccionadas. Y si el entrevistado toca el tema que les duele, lo interrumpen o le hacen otras preguntas para desviarle del tema.

Lamentablemente, toda información u opinión la pueden omitir, tergiversar, exagerar, esconder o manipular a conveniencia. Incluso están llegando a tergiversar La Biblia, la cual interpretan a su manera. También anuarios y hasta definiciones contenidas en algunos diccionarios. Aunque, si estamos conscientes de lo que ocurre, será más difícil dejarnos manipular. Conservemos pues nuestros viejos libros históricos y religiosos que puedan servirnos de guía moral y espiritual, porque a las nuevas ediciones les cambian los significados y los hechos.   No podemos quedarnos de brazos cruzados.   Es necesario detener el acaparamiento de los medios de información y opinión. En los países donde aún se pueda, donde aún no hayan tomado todos los poderes: Toda empresa con suficiente poder económico que aún no haya sido comprada por los enemigos de la propiedad privada, debe montar su canal de televisión, emisora de radio, o fundar un periódico. Debemos denunciar lo que está ocurriendo. Sin temor a fracasar, *pues, el mal jamás podrá contra el bien. La verdad siempre triunfará sobre la mentira.* La gente está harta de engaños, de manipulación, de inmoralidad. De lobos disfrazados de ovejas en puestos públicos importantes. De demonios vestidos de curas que cometen todo tipo de aberraciones. *Pero aún es posible cambiar las cosas.* Es nuestra obligación moral, comentar y difundir este grotesco crimen que le hacen a toda la humanidad. Basta de monopolizar los más importantes medios de información y opinión, así como las principales editoriales y distribuidoras de libros. Ya cuesta conseguir libros que denuncien los horrores del comunismo y que defiendan la libre empresa. Instamos a confirmarlo buscándolos en librerías. *Y de seguir acaparando medios de información y opinión, así como editoriales, distribuidoras de libros, y hasta gran parte de Internet, probablemente dentro de muy poco, el poder mundial podría estar en sus manos.* Hagamos pues, todo lo que esté a nuestro alcance. *Está en juego nuestro futuro, el de nuestra familia, y el de toda la humanidad.*

171

LAS ARMAS: LOS PODEROSOS MEDIOS DE INFORMACION Y OPINIÓN

Basta destacar en la primera página de algún medio de información, la fotografía con algunos comentarios sobre el deterioro de alguna vía de la ciudad, para que inmediatamente se aboquen a repararla. Igual sucede cuando se trata de asuntos más importantes como la aprobación o reforma de alguna ley. *Para bien o para mal, la influencia de los medios es decisiva para aprobar, acelerar, engavetar o negar dicho proyecto de ley.* Los medios de información y opinión *tienen tanto poder,* que en un país donde exista plena libertad de expresión, *pueden llevar a cualquier persona a la presidencia de un país, así como también la pueden quitar.* Un buen ejemplo de ese poder es cuando hicieron renunciar al Presidente Nixon en Estados Unidos. Podemos afirmar que, en la práctica, todos los poderes que conforman un gobierno, no podrían igualar *el gran poder y la gran influencia* que tienen los medios de información y opinión.

Porque a todos nos gusta estar bien informados, pero *aquellos que tienen cargos importantes* como: Presidentes, Gobernadores, Alcaldes, Jueces, Congresistas, Comandantes de las fuerzas armadas y demás dirigentes políticos, sindicales, empresariales o religiosos, *estarán siempre más interesados en leer las noticias y opiniones que aparecen diariamente en los medios de información y opinión.* Raro será el día que comiencen sus actividades sin antes leer las informaciones y opiniones de los principales diarios del país. Con el mismo interés estarán a la espera de los principales noticieros de la televisión. Como simples mortales que son, necesitan saber lo que se dice, se calla, se exalta o se critica de ellos. Y de acuerdo a las críticas y comentarios de sus gestiones o actuaciones, *dependerán en gran medida sus próximas decisiones.*

Ya hace doscientos años, cuando aún no existían la radio y la televisión y eran muy pocos los medios de información y opinión, Bolívar expresaba: *"La primera de todas las fuerzas es la opinión pública".* Actualmente los

172

medios de información y opinión *son la primera de todas las fuerzas y hacen la opinión pública.*

Los medios de información y opinión son armas más poderosas y efectivas que los misiles nucleares, pues, mientras estos están guardados, aquellos actúan constantemente sobre la mente de las personas, las cuales -la mayoría- *son llevadas a pensar y actuar de acuerdo a los criterios inducidos por los medios que leen, ven, o escuchan.*

Y si en Rusia, en China, en Cuba y demás países con gobiernos totalitarios de izquierda, todos los medios de información y opinión están en manos del gobierno, y todas las noticias y opiniones son controladas y autorizadas por esos gobiernos dictatoriales. ¿Por qué entonces en los países libres los medios de información y opinión no están todos recíprocamente en manos de los partidarios de la libre empresa? Pero el colmo es que a <u>todos éstos medios de información y opinión también los pueden comprar los enemigos de la libre empresa,</u> y usarlos como el Caballo de Troya <u>para tomar desde adentro el poder.</u> **Lamentablemente está sucediendo. Ya son muchos los medios de información y opinión que poseen con los cuales influyen en los votantes para llevar a su gente al senado, a la presidencia, a las gobernaciones, y a todos los cargos políticamente claves.** <u>*Los medios de información y opinión son las principales armas que usan los enemigos de la libre empresa en esta injusta y solapada guerra que libran contra los países libres.*</u> *Ya son <u>pocos</u> los medios en manos de los partidarios de la libre empresa, los cuales también podrían pasar muy pronto a manos marxistas.* En cambio los comprados o fundados por la izquierda internacional, siempre siguen sus lineamientos. *Nunca se pasan al lado contrario. No se los permiten.* Ni siquiera cuando alguno de sus directores o testaferros se convencen que están del lado equivocado. ***<u>Esto significa, que a menos que actuemos pronto, todos los medios de información y opinión estarían en manos de los enemigos de la propiedad privada. Lo cual igualmente significa,</u>** por la gran influencia que ejercen los medios de información y opinión, <u>que todos los mandatarios y funcionarios que se elijan en adelante, también serían de izquierda,</u> y* *evidentemente <u>todos los países pasarían a ser territorios de un solo imperio.</u>*

Recordemos que la mayoría de los enemigos de la propiedad privada no se identifican. No se delatan públicamente. Por ello los medios de información y opinión *<u>los adquieren a nombre de testaferros,</u> para que la gente piense que sus propietarios son empresarios. Por ello siguen confundiendo a mucha gente. **Dicho de otra manera, <u>si no se toman medidas urgentes y drásticas, difícilmente podremos evitar el sometimiento global.</u>***

Sin embargo, *aún es posible evitarlo,* y una forma es: que en todos los países donde los marxistas aún no hayan tomado todos los poderes, *los demócratas hagan urgentemente <u>lo mismo que la izquierda:</u> Que así como ésta posee todos los medios de información en Rusia, en China, en Cuba y en muchos otros países, <u>y nadie se ha quejado aún de este hecho,</u> con más razón los partidarios de la libre empresa deben poseer todos los medios de información y opinión,* e igualmente *que nadie se queje. ¿Acaso es justo que a los marxistas se les permita apropiarse de todos los medios de información y opinión en los países de libre empresa, e incluso hacer la opinión pública, mientras que en los países donde los marxistas gobiernan, a los partidarios de la libre empresa, ni siquiera les permitan instalar uno?* **Creemos que <u>así como las fuerzas armadas son para defender al país y a sus ciudadanos de sus enemigos, también los medios de información y opinión deben ser usados para defender al país y a sus ciudadanos de los enemigos de la libertad, de la verdad, de la propiedad privada y de la democracia.</u>** *<u>Que así como en todos los países con regímenes totalitarios de izquierda las fuerzas armadas y los medios de información y opinión están en su poder,</u>* **<u>con más razón en los países libres, al igual que las fuerzas armadas para defenderse de sus enemigos, todos los medios de información y opinión deben estar y permanecer en manos del sistema de libre empresa.</u>** *Nunca en manos de los marxistas porque entonces todo pasaría a su poder. Por ello,* **con fines superiores de utilidad pública, para la supervivencia de la democracia, de la libre empresa, de la propiedad privada y de la libertad, y** *para seguir siendo libres e independientes, los medios de información y opinión deben ser <u>expropiados</u> y permanecer todo el tiempo en manos de gobiernos y periodistas que aprecien y valoren la libertad, la independencia, nuestro sistema de gobierno, el respeto a los derechos humanos, la propiedad privada en los medios de producción, y al libre mercado y libre empresa.* Muy distinto de los países sometidos por los marxistas donde al ser humano ningún derecho se le respeta.

Y esta expropiación debe hacerse urgentemente. Se trata de acabar con tantos males que los marxistas están creando. Se trata de salvar la moral y la decencia. Se trata de acabar con la mentira y con tanto corruptor. Se trata de salvar nuestra manera de vivir, y de seguir siendo libres e independientes.

Y no es que se quiera terminar con la libertad de expresión. Todo lo contrario. Como bien lo explicamos en el Falso Pluralismo, *lo que se quiere es impedir que tomen el poder los enemigos de la democracia y de la libre expresión del pensamiento. Lo que se quiere es evitar que tomen el poder los enemigos de la verdad, de la libertad y de toda pluralidad.*

Y la iniciativa no va a venir de los medios de información y opinión porque casi todos están en manos de los enemigos de la libre empresa. <u>**La iniciativa debe venir urgentemente de los altos mandos militares.**</u> Sin dejarse influenciar por aquellos que protesten. Pueden asegurar que son enemigos de la propiedad privada en los medios de producción, servicio e información. ¿Por qué antes no protestaron y se quejaron de que en los países donde tienen a la gente sometida, los gobernantes son todo el tiempo de la izquierda reaccionaria, y los medios de información y opinión también? *¿Por qué entonces se van a quejar ahora que los demócratas y partidarios de la propiedad privada y de la libertad <u>quieran hacer lo mismo</u> <u>en defensa propia?</u>*

No hacer nada sería igual a permitir que todos los medios de información y opinión pasen a manos de los marxistas, dejarles tomar el poder mundial, y someternos a todos. ¿Es esto lo que quieren para su país y para todo el

175

mundo? *Y no se trata de una mera suposición. Ni de una película de ficción que sabemos tiene su final. Ni de una pesadilla de la cual despertar. Ya ocurre a nivel mundial.*

Y si los medios de información y opinión pueden llevar a cualquier persona a la presidencia de un país, y hacer renunciar al hombre con más poder en el mundo, *¿cuánto no podrían hacer por el sistema que más progreso y bienestar ha generado, con el extraordinario mérito de hacerlo con toda su gente en libertad, y no obstante los daños enormes que ha tenido que aguantar del enemigo?*

*Y si la libertad de expresión solamente la hay en países democráticos con sistema de libre empresa, **¿no deberían ser entonces los medios de información y opinión los más fieles defensores de la democracia y de la libre empresa?***

Imagina que eres propietario de un medio informativo y de opinión, y sabes muy bien que la finalidad de los enemigos de la libre empresa es apropiarse de todos los medios de producción y de servicio, incluyendo a los medios de información y opinión. ¿Relegarías en tu medio a los articulistas defensores de la propiedad privada y darías prioridad a aquellos que te lo quieren quitar? ¿Por qué entonces la mayoría de los medios hacen precisamente lo contrario? ¿Por qué entrevistan a cada rato a supuestos "analistas", todos de izquierda, y no entrevistan a tantas personalidades defensoras de la propiedad privada y de la libre empresa? ¿Por qué los relegan, y llegan al colmo hasta de no publicarles sus escritos? ¿Acaso no nos damos cuenta de qué lado están? ¿Por qué algunos sucesos los "olvidan" inmediatamente, mientras a otros les echan leña y avivan el fuego constantemente?

Recordemos estas bíblicas y sabias palabras: ***"Por sus hechos los conoceréis".*** *Es fácil saber de qué lado están, observando a qué países perjudican y a cuales tratan de ayudar, a cuáles candidatos promueven, y a cuáles ignoran o critican. Si están pendientes del mínimo error de los mandatarios de derecha, mientras "olvidan" por completo los desmanes que hacen los mandatarios de izquierda y sus* *sistemáticas violaciones a los derechos humanos.* Y lo mismo sucede con las noticias.

Los medios de información y opinión en manos de los enemigos de la libre empresa hacen mucho mal *porque deliberadamente <u>omiten</u> los delitos y atrocidades que cometen los marxistas, mientras llevan a un primer plano las noticias y opiniones que perjudican al país y al sistema de libre empresa.* Por eso nunca entrevistan a la inmensa cantidad de personalidades que defienden al sistema de libre empresa, y a sus candidatos a puestos públicos.

Luego que los medios estén con el sistema de libre empresa, otra será la información y la opinión, la cual se hará con total honestidad y responsabilidad, y con la más sana intención de aportar soluciones y ayudar a los demás. *Y otra será la situación en el mundo.* Y podremos erradicar la mentira, el crimen, el hurto, los secuestros, la hipocresía, la corrupción, el terrorismo, y construir un mundo más justo y más humano. Donde la actuación de los medios de información y opinión y de los periodistas sea honesta, responsable y orientada al perfeccionamiento del sistema democrático, el único que permite a los reporteros desempeñarse como verdaderos periodistas. Sin callar las injusticias o los errores de los gobernantes pues es necesario que se conozcan y se denuncien, pero constructivamente, de buena fe, con ánimo de corregir, castigar o premiar a quien lo merezca. Y para ello será necesario vigilar que todos los gobernantes, funcionarios y periodistas sean comprobadamente honestos, demócratas, y partidarios de la propiedad privada y de la libre empresa.

PERO, ¿AÚN HAY COMUNISTAS?

Todos nos dimos cuenta del fracaso del marxismo como sistema. Sus teorías estaban mal fundamentadas o erróneamente analizadas. Algunas, desde un solo punto de vista. Ejemplos: la igualdad, la explotación del hombre por el hombre, la plusvalía, la estabilidad laboral, lo de "a cada cual según su necesidad", el considerar las creencias religiosas como "el opio del pueblo", etc. Pero no hay duda que estas ideas, con sus aterradoras prácticas de justificar todos los medios para conseguir sus fines, *cambiaron la historia por completo*. Y a pesar de los cambios observados, aún mantienen al mundo convulsionado. Realmente estas ideas no han muerto. ¿Cómo podrían desaparecer mientras haya personas que aún crean en ellas? En verdad esto no tendría importancia, *el gran problema es quererlas imponer a como dé lugar*.

Aunque los rusos y los chinos públicamente no lo admitan, a las claras se ve que lo que hicieron fue una pausa. Las circunstancias los obligaban a cambiar. El atraso tecnológico en todas las áreas era evidente, desde en la agricultura hasta en las armas. La tecnología y el progreso del mundo occidental los arropaba. Y esto les hacía depender más de Occidente. Necesitaban equipararse. Necesitaban alcanzar esa tecnología, y ellos por su cuenta jamás lo conseguirían. Y la forma más fácil de lograrlo era hacerles creer a los ingenuos "capitalistas" que tiraban la toalla, darles a entender que abandonaban el marxismo, el estatismo, el totalitarismo, y se convertían en demócratas y partidarios de la libre empresa y la propiedad privada. Se dieron cuenta que nunca podrían salir del atraso en que se encontraban sin la ayuda financiera y tecnológica de Occidente. Cambiarían de estrategia: *Hacerle creer a la gente de Occidente que se convertirían en demócratas y capitalistas*. Y a muchos engañaron. Y en vez de cambiar radicalmente su economía e instalar una verdadera democracia, siguieron con los mismos procedimientos maquiavélicos. *Las estatuas de sus "héroes" no las destruyeron, las guardaron. Los nuevos "propietarios" serían los mismos administradores de sus empresas; ya que, si estaban en esos puestos, es porque eran buenos camaradas.* Pero la mayoría de sus empresas no las privatizaban. El capitalismo en su mayor parte sería lo que hicieran los inversionistas de Occidente. Serían las propias empresas de Occidente quienes hicieran el trabajo y hasta les proveyeran de la mano de obra calificada. Trabajarían en lo posible con el dinero que les prestaran, a expensas del trabajo y del bolsillo de los ciudadanos de Occidente. *Luego, cuando lo creyeran conveniente, excusas sobrarían para volver al régimen totalitario.* Todo lo previeron: La corrupción sería el chivo expiatorio para todas las irregularidades que vieran los ingenuos capitalistas. Gran parte de lo que invierten en Occidente en empresas estratégicas lo hacen supuestos empresarios, hasta con los mismos dineros que Occidente les presta. Y desde adentro, como el Caballo de Troya, siguen comprando en Occidente empresas de todo tipo y fundando otras nuevas dentro de sus planes estratégicos, sobre todo medios de información y opinión. También se apoderaron de muchos estudios productores de películas y reportajes para la televisión con las cuales van dejando en el subconsciente de la gente, una siembra de corrupción oficial, de vicios de todo tipo, de inmoralidad, de irrespeto a las leyes, a los padres, a las autoridades, a los valores patrios y religiosos, así como la duda, el miedo, la falta de fe y confianza en la sociedad, en las autoridades y en el sistema de libre empresa. *El objetivo: confundir, desmoralizar, corromper, hacer creer que todos son corruptos, malvados, drogadictos, asesinos, homosexuales, sucios o idiotas; que el sistema no sirve, que todo está podrido, como si los únicos normales fueran quienes ven esas películas.* Lamentablemente muchos no advierten que las hacen precisamente para corromper a quienes las ven. Ya es difícil conseguir una buena película. Y esto viene ocurriendo desde hace tiempo. Ya en 1980 existían algunas de estas producciones. No es de extrañar pues que las cosas hayan empeorado porque ese era el propósito de estas personas y consorcios que las producen: corromper y humillar a la sociedad norteamericana. Y ahora son más los "estudios" que producen este género de películas y reportajes, dentro de los mismos Estados Unidos, con este

179

malévolo fin. *Son los verdaderos creadores de los males y desgracias que vivimos. Se infiltran hasta en las iglesias como predicadores.* Es un cáncer que crece día a día. Se está acabando el tiempo. Y si las cosas siguen como van y la gente inteligente de izquierda no reacciona, ni los verdaderos demócratas tampoco, y permiten continuar corrompiendo y desmoralizando a los países libres, muy pronto el poder mundial podría estar en sus manos, y todos seríamos esclavizados.

¿Y que ganan con ello? ¿Cuál sería el mérito de destruir lo que todos saben que es bueno, para imponer un sistema fracasado y que todo el mundo detesta por lo falso e inhumano? ¿Cuál es el mérito de hacerle creer a la gente que es bueno lo que ellos mismos saben que es malo, y que no sirve lo que ha probado ser bueno? *¿Acaso no es preferible perfeccionar lo que ha probado que sirve, antes que destruirlo para imponer algo que nada tiene que sirva?*

Y si persisten en acabar al sistema de libre empresa, son muchas las calamidades y necesidades que se van a presentar. Ya comienzan a escasear a nivel mundial algunos alimentos, pues, como todos bien sabemos: *En todos los países donde toman el poder los enemigos de la propiedad privada, disminuye enormemente la producción de alimentos y de otros bienes de primera necesidad.* Probablemente habrá que tomar medidas drásticas, y perder algunas libertades y comodidades para conservar las otras. Y ya está ocurriendo: *Ya son muchas las incomodidades que se pasan en los aeropuertos y aduanas por culpa de los enemigos de la propiedad privada que trafican con drogas o entrenan y arman terroristas.*

¿POR QUÉ AÚN ESTAS VIEJAS Y FRACASADAS TEORÍAS?

Conceptos tales como igualdad, distribución de riqueza, plusvalía, explotación del hombre por el hombre, o considerar las religiones como el opio del pueblo, *todos errados o muy mal analizados.*

Hoy sabemos muy bien que en los regímenes totalitarios de izquierda existe la mayor desigualdad y la mayor explotación del hombre por el hombre. Que las personas no tienen otra alternativa que someterse al único dueño o partido todo poderoso que impone todas las reglas a las cuales todas deben obedecer. Y respecto a las religiones, mal llamadas por Marx *"el opio del pueblo"* han sido tan invadidas por la izquierda, que ahora, al igual que los medios de información y opinión, las usan para manipular a los creyentes de manera que estos permitan o ayuden a la izquierda a tomar globalmente el poder. ¿Que cómo lo hacen? Por ejemplo: si en el país donde operan el gobierno *no* es de izquierda, pueden inducir a la gente a protestar para desacreditar y desestabilizar al gobierno. Pero si éste es de izquierda e insoportable como el actual en Venezuela, pueden mantener a los creyentes como unos corderitos diciéndoles que todo lo que va ocurriendo es la voluntad de Dios.

Pero, *¿cómo pueden querer eliminar un sistema económico y político que ha probado ser capaz de satisfacer las necesidades materiales y espirituales de todos, para imponer otro obsoleto y fracasado que nunca ha podido progresar si no es precisamente con la ayuda del sistema del cual quieren prescindir? ¿Cómo pueden querer eliminar un sistema súper eficiente y de ciudadanos libres, para imponer otro de esclavos e ineficiente? ¿Cómo pueden querer eliminar un sistema que tiene el extraordinario mérito de progresar no obstante los daños enormes de la perenne agresión de los izquierdistas?*

¿Qué futuro podríamos tener con un sistema, cuyas únicas maneras de ponerlo en práctica es: *O engañando o por la fuerza?* ¿Sabrán que perdemos no sólo todo lo bueno que sabemos tiene el sistema de libre empresa, sino también *lo adicional* que habríamos podido conseguir sin los severos e intencionales daños que le hacen, *o mejor aún,* trabajando y colaborando con él para mejorarlo? *¿Y cuántas otras cosas perderíamos que debido a la costumbre, hoy no vemos ni valoramos? ¿Estarán conscientes que eliminan a quienes les dan de comer, que destruyen al sistema del cual se proveen, y donde placenteramente viven y disfrutan? ¿Acaso serán como la planta parásita, que se adhiere a una sana para nutrirse de ella y en "agradecimiento" la va debilitando hasta que muere?* Pero la planta no piensa, no se da cuenta que elimina a quien le da de comer, no se percata que cuando aquella muera morirá ella también.

Sabemos que actualmente hay muchos problemas en los países de libre empresa. *Pero, ¿acaso la mayoría de esos problemas no son causados precisamente por los enemigos de la propiedad privada?* ¿Cómo sería esta sociedad si aquellos que trabajan tan entusiastamente para destruirla, lo hicieran para perfeccionarla?

Y si los enemigos de la libre empresa consiguen desarmar a Estados Unidos y tomar el poder mundial, ¿acaso no perderíamos automáticamente la independencia y libertad? ¿Y bajo las órdenes de quién quedaríamos? ¿Tomarán en cuenta nuestras ideas, nuestra forma de ser, nuestras costumbres, nuestras inquietudes? *¿Qué trato nos darán? ¿Podríamos regresar arrepentidos a nuestro viejo sistema de gobierno? ¿A quienes podríamos acudir luego que todos los países se encuentren sometidos? ¿A quienes podríamos acudir cuando seguramente comencemos a pasar hambre y necesidades? ¿Dejaran de comer los altos dirigentes para que el pueblo coma? ¿Qué países podrían ayudarnos cuando todos necesiten de ayuda? ¿Qué ganarían entonces culpando a los capitalistas? ¿No sería más inteligente cuidar la gallina de los huevos de oro en vez de quererla enfermar y matar?*

Lo paradójico es que los enemigos de la propiedad privada en sus países nativos, festejan y conmemoran la independencia y se enorgullecen de sus libertadores, y resulta que quieren llevarnos con los ojos vendados a <u>depender</u> de potencias extrañas, con diferentes costumbres y hasta distinta manera de hablar. Potencias que no dudaron en usar los medios más criminales para mantener sometidos a sus propios paisanos. Y si sabemos el trato inmisericorde que les dieron, *¿qué podemos esperar los extranjeros, sobre todo los latinos? ¿Podríamos recuperar otra vez nuestra independencia y libertad?* Lamentablemente las democracias aún carecen de adecuadas autodefensas, como las tiene todo organismo viviente para defenderse de sus enemigos naturales. Como las tiene nuestro propio cuerpo para defenderse de microbios y virus.

Y si aún sabiendo las verdaderas causas por las cuales nuestros pueblos están como están; y como otros países se desarrollaron en corto tiempo con el sistema de libre empresa. *¿Qué papel les tocará jugar entonces a las personas de izquierda de buenos sentimientos que realmente deseen lo mejor para todos? ¿Tendrán la suficiente entereza y valentía para voltear la tortilla y trabajar del lado de la justicia, de la democracia y de la libertad?*

Si los regímenes de izquierda realmente sirvieran, *¿por qué entonces deben esperar que el sistema que "no sirve" les lleve bienestar y prosperidad? ¿Por qué no son capaces de prosperar sin la ayuda de los ingenuos capitalistas y sin robarles el dinero? ¿Por qué no demuestran primero que pueden prosperar en libertad, en democracia y sin la ayuda de los países libres? ¿Qué satisfacción pueden sentir al tratar de hacer creer que la sociedad en la cual todos quieren vivir, "no sirve", o en querer hacer creer que la sociedad en la cual nadie quiere vivir, "si sirve"? Pareciera que no es el bienestar de la gente lo que desean, sino, conseguir el poder por el poder mismo, sin importar engañar y manipular a todo el mundo.* De lo contrario, no buscarían desprestigiar y destruir esta sociedad a la cual debemos casi todo, incluso el que podamos comer. Porque si tan siquiera fuera un regular sistema de gobierno, ¿para qué necesitarían de la fuerza o del engaño para imponerlo? ¿Para qué necesitarían de la ayuda de los ingenuos capitalistas? ¿Cómo pueden querer eliminar un sistema, que además de mantenerse suficientemente aprovisionado de alimentos, y darse toda clase de comodidades y servicios, también contribuye con alimentos, recursos, tecnología, y con su gente, para ayudar a salir del estado de insuficiencia y atraso a los muy ingratos de izquierda?

Ahora quieren monopolizar la información y la opinión para llevarnos a todos al mismo corral. Quieren impedir todo discernimiento que pueda hacerles ver el error en que están. Quieren silenciarnos a todos los que no queremos vivir en un régimen de ese tipo. Quieren esconder todos los crímenes, fracasos e injusticias cometidos por ellos en el camino. *¿Que podría esperarse de quienes toman el poder en base a falsedades, omitiendo las más grandes verdades, permitiendo todos los males, y destruyendo todos los valores morales, espirituales y materiales?*

Es probable que los máximos dirigentes de izquierda, educados en la filosofía de usar todos los medios para conseguir sus fines, *nunca los dejen de usar, y sigan engañándose unos a otros. Y es procedente: ¿Cómo podrían tenerse confianza entre ellos mismos? ¿Cómo podrían saber quiénes mienten y quiénes dicen la verdad?*

Supongamos al mundo ya todo en manos de la izquierda. Naturalmente, cada dirigente tendrá sus propias ideas y aspiraciones y pensará que tiene toda la razón. Y como buenos izquierdistas, *¿dejarán acaso de justificar todos los medios para conseguir sus fines? ¿Cómo podrían creerse entre ellos mismos? ¿Cómo podrían saber quiénes mienten y quiénes dicen la verdad, <u>aún con pactos secretos que hayan hecho</u>? ¿Cuándo y dónde los respetaron los izquierdistas?*

¿Se imaginan viviendo en un mundo en donde todos tengamos que aceptar, (cierto o no) lo que los amos nos inculquen como bueno, o como malo, o como justo o injusto? ¿Acaso los máximos dirigentes de izquierda no saben a estas alturas como se construye un país? ¿Acaso no observamos cómo llevan a los inversionistas privados a todos los países donde quieren el progreso? Y si ya saben cómo llevar bienestar a sus países. ¿Por qué entonces no lo admiten? ¿Por qué siguen perjudicando a quienes les ayudan? ¿Por qué siguen empeñados en someternos a todos?

Mis amigos de izquierda, ustedes más que otros pueden evitar el sometimiento total. No olviden que lo más seguro es que los estén usando para luego tirarlos al pote de basura. *¿Acaso los fines no justifican todos los medios? Nadie sabe el bien que tiene hasta que lo pierde. Y en este caso, sería ya muy tarde porque es irreversible.*

Estamos pues muy cerca de perder nuestra posesión más valiosa: la de poder hacer con nuestra vida lo que nos plazca. Y el pretexto sería el bien común. Por el bien común nos harían el peor mal común: seríamos esclavizados. Y posiblemente ni tendríamos conciencia de ello, pues nadie nos lo diría. Porque seríamos esclavos de mente y cuerpo, el peor tipo de esclavitud. Todo se nos indicaría. La palabra esclavo quedaría exclusivamente referida a los tiempos en que los amos les vendían y castigaban con el látigo. Ya no actuaríamos de acuerdo a nuestro criterio, sino de la manera que los amos quieran. Seríamos domesticados como el perro, el caballo o el camello. Y aunque los auténticos marxistas no creen en Dios, ni en religiones, posiblemente de todas ellas harían una sola, la cual modificarían y acomodarían a conveniencia. Lo bueno, bonito o valioso, no será lo que cada quien piense, sino lo que nos inculquen. Y está sucediendo. Si el pintor es de izquierda, pinte como pinte es un gran pintor. Si el cantante es de izquierda, cante como cante es un gran cantante. Si la película la hicieron para corromper y desmoralizar la sociedad "capitalista" y desprestigiar al sistema de libre empresa, es una ''gran película'' y se le otorgan grandes premios. Si el escritor es de izquierda, escriba como escriba, es un gran escritor. Los amos serán los únicos con derecho a ''pensar', todos los idolatrarán. Y quienes no compartan sus ideas difícilmente lo tomarán en cuenta. Es desesperante ver cómo un régimen de este tipo pueda imponerse empleando para ello el engaño, el miedo, el crimen, los secuestros, el tráfico de drogas, multimillonarios robos, el terror, la maldad, y todos los males habidos y por haber. Y lo más lamentable: que haya personas colaborando con ello. Algunos porque aún creen en estas fracasadas teorías. Otros *por temor.* Otros porque prefieren que el partido les mantenga. Porque quizás no se sienten capaces de ganarse la vida de otro forma. Y otros porque no soportan ver viviendo un poco mejor a otras personas. Y prefieren ver a todos pasando necesidades, aunque los amos nunca las pasen.

LAS NUEVAS DICTADURAS

Son de izquierda, *poseen y controlan la mayoría, o todos los medios de información y opinión,* y por ello tienden **a perpetuarse y a multiplicarse aceleradamente a nivel mundial.** Y se diferencian de las otras dictaduras porque *simulan democracia* al permitir *cierta oposición* en los escasos medios, también de izquierda, que muchos piensan que están con la derecha.

El mejor ejemplo: El régimen actual en Venezuela, donde la misma gente de izquierda es quien hace la oposición. Y aunque no gustan de Chávez, prefieren seguir con él antes que arriesgarse a perder con la derecha en unas elecciones imparciales. Y esto ha significado la destrucción de gran parte del país, y miles de personas muertas, arruinadas, desempleadas, exiladas, presas, secuestradas, asesinadas, emigradas y separadas de su familia.

Desafortunadamente, cuando ya todos dábamos gracias a Dios creyendo el final de esta dictadura, y elegían un *gobierno provisional* presidido por Carmona Estanga, que intentó disolver los demás poderes que manejaba a su antojo el dictador, *le cayeron encima los medios de información y opinión de izquierda incluyendo el canal internacional CNN llamando al nuevo gobierno "golpista" y trajeron de nuevo al dictador. ¿Qué les parece? ¿Y de que otra forma se puede salir de una dictadura? ¿Acaso es posible sacar solamente al dictador y dejar intactos los demás poderes incluyendo el poder electoral? ¿Quién habría ganado las próximas elecciones? Por eso el gran problema actual de Venezuela no es tanto Chávez, sino,* **los medios de información y opinión que están todos en manos de la izquierda.** Por eso prefirieron traer de nuevo al dictador, antes que perder los demás poderes que estaban también en manos de la izquierda. *Por eso no entrevistan a la gente de derecha. Por eso en todos estos años ninguno de estos medios a ido a entrevistar a los ex presidentes, ni a los militares exilados en el exterior, ni siquiera a preguntarle ¿qué ocurrió? a Carmona Estanca, al supuesto "golpista".* **Y por eso siguen hablando de democracia y al dictador le siguen llamando presidente.**

Y no es que no exista una real y grande oposición en Venezuela. Pues si en algún país hay demócratas, partidarios de la propiedad privada y con pasta de líderes es en Venezuela. Muchos están exilados en el exterior, entre los cuales hay militares y ex presidentes. Otros están en prisión. Y la gran mayoría en la calle. Pero no pueden ser conocidos porque los medios no los entrevistan, ni los respaldan, ni publican sus escritos y opiniones. No obstante, aún hay buenos e importantes demócratas en la oposición que llegaron a ser líderes antes del actual régimen, y que ahora son ignorados casi por completo por los medios de información y opinión. Sólo los entrevistan cuando existen serias divergencias entre los mismos izquierdistas. Pero no hay duda que la gran mayoría de los venezolanos están contra la dictadura, aunque de manos atadas, pues ni siquiera pueden verificar los datos del Consejo Nacional Electoral.

Un buen ejemplo de cómo proceden los medios de información y opinión, incluyendo a los supuestamente opositores, lo pudimos observar *a principios del 2009 con la sorpresiva e intensa campaña de los medios para convocar a un referéndum para reelegir a Chávez "indefinidamente".* De este proceder (*aplicando la sabia frase bíblica: "Por sus hechos los conoceréis."*) captamos que *el plan de la izquierda es llevar a Chávez de candidato, cuantas veces sea necesario, hasta tanto consigan que los principales partidos políticos acepten un candidato único que igualmente sea de izquierda, para entonces cambiarlo. Es por eso que los venezolanos sólo verán salir a Chávez, cuando logren un candidato único de izquierda para enfrentarlo. Dicho de otra manera: Cuando la dictadura de izquierda pueda lograr acomodar a otro de izquierda en la presidencia.* Esta es la repuesta a tantas preguntas que nos hacíamos los venezolanos: *¿Por qué los medios de información y opinión, incluyendo a Globo Visión y Radio Caracas TV, (supuestamente opositores) le siguieron el juego a esta propuesta? ¿Por qué en vez de ignorarla, o criticarla con dureza, salieron de una vez a tratar de convencernos para que fuéramos otra vez a votar? ¿Por qué los mismos medios nos hacían violar la "Constitución" a todos los venezolanos?*

¿Por qué nos hacían votar otra vez por lo que ya habíamos rechazado? ¿Por qué nos hacían perder el tiempo, la paciencia y el dinero a los venezolanos? ¿Por qué mejor no criticaban al CNE y a los demás poderes por permitir esta violación? ¿Por qué nos amargaban la vida a todos? ¿Por qué los medios, incluyendo a Globo Visión y Radio Caracas TV, se empeñaban en complacer esta propuesta? ¿Por qué, en vez de entrevistar a los complacientes: *Que nos recomendaban ir a votar, aún sabiendo lo imposible que era ganar con el poder electoral en manos de la dictadura, no entrevistaban mejor a tantos destacados venezolanos que deploraban esta nueva y flagrante burla y a la vez violación a la Constitución que ellos mismos redactaron?* **¿Por qué mejor no hacían una campaña para destituirlo y enjuiciarlo por tantos graves delitos?** *¿O por qué mejor no entrevistaban a los candidatos a gobernadores y alcaldes que se quejaban del fraude en las recién celebradas elecciones?* **¿O por qué mejor, no hacían una campaña para que los principales partidos políticos tuvieran representación en el Consejo Nacional Electoral?** *¿O por qué no ignorar al dictador, en vez de ignorar por tantos años a los ex presidentes y a todos los demás exilados políticos?* ¿Acaso les obligaban a complacer al régimen? Y de ser así, ¿por qué no lo decían, o entrevistaban personas para que lo dijeran, en vez de *engañar al pueblo aparentando democracia, y hacernos perder el tiempo y la paciencia a todos los venezolanos?*

Ahora imaginémonos a los medios de información y opinión, que supuestamente están con la oposición, ignorando al dictador. Que no le mencionaran más. Que después de los Aló Presidente o de las abusivas cadenas por radio y televisión, no hicieran comentarios, o de hacerlos, que sólo fuera para criticarlo por el despótico abuso de confiscar todos los canales de radio y televisión del país cuantas veces quiere y por el tiempo que le da la gana. ¿Y qué pasaría cuando los medios ya ni mencionen al dictador? ¿Acaso no perdería la poquita popularidad que aún le quedara?

Y es que son tan pocos los venezolanos que ven estas abusivas cadenas, que hasta pasarían desapercibidas, *si no fuera por estos medios de información que supuestamente* *están en la oposición, que se encargan de hacernos saber a todos, lo que dijo el dictador, y cómo lo dijo y por qué lo dijo. Para colmo, <u>lo repiten</u> a cada rato para que todo el mundo se entere.*

Sin duda: <u>Son los medios de información y opinión quienes le dan importancia al dictador.</u> <u>Son los medios quienes le hacen propaganda.</u> <u>Son los medios quienes lo mantienen en el poder.</u>

¿Y por qué hacen esto? *Porque lamentablemente estos medios que supuestamente están con la oposición, también <u>están en manos de la izquierda</u>.* Y ¿por qué quieren llevar a <u>Chávez</u> de candidato? *Porque sin **él**, todos los partidos políticos podrían llevar su propio aspirante a la presidencia sin ningún problema, y es muy probable que gane uno de derecha.* En cambio con la amenaza de Chávez de candidato, habría siempre el pretexto de buscar un candidato único para enfrentarlo, y entonces *la izquierda no cedería, hasta lograr que el candidato también sea de izquierda. De lo contrario,* (como manejan a su antojo el Poder Electoral) *nos calarían a Chávez otra vez, aun sabiendo lo asqueada que está la gente de él y la tragedia que es para Venezuela y para todos los venezolanos.*

Es por eso que todos los medios de información en manos de la izquierda, en vez de ignorar a Chávez, repiten a cada rato sus vulgares y jactanciosas habladurías: para mantenerlo en primer plano. Y es también por ello que a los candidatos seleccionados para enfrentar a los del régimen, *los eligen a escondidas,* o con el poder electoral de árbitro, para que la gente no se entere del empecinamiento de la izquierda en no soltar *la teta del petróleo.* Nada de esto ocurriría si los venezolanos contáramos con un poder electoral representado y vigilado por todas las organizaciones políticas, y con una Constitución *realmente democrática, que contemple la segunda vuelta,* tanto para elecciones presidenciales como para gobernadores y alcaldes. Así podrían competir todos los candidatos, de los cuales *sólo irían a segunda vuelta los dos más votados y respaldados por el pueblo* de modo que los gobernantes no sean elegidos por unos pocos, sino por más de la mitad de los votantes. Sin embargo, no obstante su importancia, ni siquiera los medios que supuestamente están con la oposición se han preocupado por corregir esta gravísima falla, y prefieren la difícil tarea de ponerse de acuerdo en un candidato único, de *izquierda* por supuesto. Por eso hicieron la sorpresiva e intensa campaña para llevar a Chávez nueva e indefinidamente de candidato sin importarles violar nuevamente la "Constitución". Es también por ello que en todos estos años no denunciaron a esta dictadura, y al dictador lo siguen llamando presidente. Y es también por ello que a la gente la convocan a elecciones como si realmente estuviéramos en una democracia.

Estas dictaduras *comienzan a formarse con el apoderamiento de los Medios de información y opinión,* por testaferros de izquierda que simulan ser propietarios. *Ya con los medios tomados, pueden llevar a la presidencia hasta el más inapropiado de los candidatos.* Y para que la gente vote por él lo entrevistan a cada rato para mantenerlo en primer plano, le hacen preguntas tontas para que se luzca, le dejan hablar todo lo que quiera, y le publican todas sus habladurías.

Luego, ya con el salvaje de presidente, comienza la tarea de apoderarse de los demás poderes, así sea violando normas, leyes y reglamentos, mientras los medios ignoran todas las irregularidades y violaciones.

Por supuesto, lo primero que hacen es *tomar el Poder Electoral, para no soltarlo más. Esto es clave para no perder otra elección.* Y ya pueden imaginarse a quienes invitarán como observadores internacionales en las sucesivas elecciones.

Mientras tanto, en las Fuerzas Armadas además de cambiar al Ministro de Defensa, destituyen a buenos y competentes oficiales de los puestos de mando clave, y van acomodando a los de izquierda sin importar lo ineptos que sean. *Y al tomar las Fuerzas Armadas, ya no hay forma de salir de la dictadura, a menos que los mismos izquierdistas lo deseen.*

ESPEJO DE UN TIRANO EN VENEZUELA

Mirémonos en este espejo. Afortunadamente es una situación local. Pero nos sirve para visualizar un drama parecido en un escenario global.

Y decimos parecido porque felizmente estamos ante la mirada de todo el mundo, y por eso, la misma gente de izquierda puede aún parcialmente controlarlo y denunciarlo. Pero en un escenario global las cosas serían muy distintas.

Imaginémonos por un momento que no existieran los demás países. Que el mundo fuera únicamente Venezuela. ¿Creen que Chávez entregaría voluntariamente el poder? ¿O acaso habría dejado de realizar todas sus ocurrencias por más dañinas y criminales que fueran? ¿Y qué habría pasado con todos aquellos que no lo soportan; o con aquellos que lo critican; o con todos los que no están de acuerdo con su manera de gobernar? ¿Acaso se habrían atrevido a llevarle la contraria? ¿No estarían muertos o encerrados los más valientes o atrevidos? Y los demás, ¿qué habrían podido hacer? *Igual sucedería en un escenario global. No olvidemos que controlarían igualmente todos los poderes. Que controlarían todas las Fuerzas Armadas y todos los medios de información y opinión, los cuales igualmente serían purgados de todo aquel que disienta o se oponga. Recordemos que se trata de mantenerse en el poder.* ¿O acaso dejarían de hacer todo lo "conveniente" a sus apetencias? ¿O acaso los fines no seguirían justificando todos los medios? Pues lo mismo que habría ocurrido con Chávez si el mundo se circunscribiera exclusivamente a Venezuela, sucedería si el poder llegara a ser monopolizado y globalizado.

¿Les habrá pasado por la mente a los bien intencionados izquierdistas venezolanos y de otros países, que los estén usando desde hace tiempo para luego desecharlos y tirarlos al pipote de la basura? ¿Estará consciente el mismo Chávez que, a él más que a nadie, lo están usando para luego eliminarlo y tirarlo al pote de la basura? Recuerden que todo es válido para conseguir y *mantener* el poder. ¿Y tiene acaso algo de extraño que desde hace tiempo les estén aplicando altas dosis de su misma medicina? ¿Acaso ignoran que transitan el camino de la servidumbre y sumisión? *Donde sólo existirán dos clases: La que manda, y la que tiene que obedecer. Los amos y los esclavos.* ¿Y quién se atrevería a contradecirle al amo? ¿Acaso piensan que podrían oponerse?

Por otro lado, ¿quién va a creer que actualmente los cabecillas de la izquierda internacional, *no saben* cómo llevar comodidad y bienestar a todos los ciudadanos del mundo, incluso en completa libertad? ¿Quién va a creer que actualmente *no conocen* los secretos para transformar y desarrollar cualquier país? *¿No es precisamente para ello que llevan a los capitalistas de todo el mundo a producir y a crear riqueza en los países que aún mantienen sometidos?* ¿Acaso alguien piensa que los dirigentes de izquierda no saben cómo erradicar de un tajo, las guerras, la violencia y la delincuencia? ¿O acaso piensan que ignoran lo que le es bueno y lo que le es malo al sistema de libre empresa? *¡Qué distintas serían las cosas si todo ese esfuerzo que hacen desde hace tiempo para perjudicar a los países con sistema de libre empresa, lo hicieran mejor para perfeccionarlos y llevar más bienestar a los más necesitados! ¡Qué distinto sería el mundo! ¡Cuántos años perdidos! ¡Qué desperdicio de voluntad y trabajo! ¡Cuántas muertes inútiles! ¡Cuánta miseria y destrucción estéril!*

¿Será que los izquierdistas bien intencionados no ven lo que hay al final del túnel; que al ir acaparando la información y la opinión y todo el poder económico y político, **están creando un monopolio gigantesco con una sola directriz a la que todos estarán en la obligación de acatar?** *¿Acaso no ven que nos conducen a una trampa de la cual difícilmente podremos salir? ¿Será que no ven lo difícil que sería volver a ser independientes, y que de nada serviría el arrepentimiento?* ¡Es lastimoso observar cómo por una causa ajena y esclavista se desperdician tantos recursos financieros y humanos! ¿Con qué fuerza podrían los países subdesarrollados hacerse respetar, aún en el caso de lograr mejor tecnología?

Sólo en ciertos países y por muy poco tiempo se ha podido mantener la democracia. La historia del hombre ha sido una pugna constante para acaparar todo el poder. Una serie de imperios dictatoriales donde alguien se convierte en un Dios, al cual todos temen y deben obedecen. Sin ir muy lejos, pues aún hay testigos, y no obstante la gran oposición en todo el mundo, uno de estos -Hitler- casi extermina a los judíos. Y otro en Rusia -Stalin- asesina a más de 20 millones de compatriotas. Si esto lo hicieron sin importarles la protesta del mundo, ¿qué no serán capaces de hacer cuando ya no exista oposición? Recuerden que no hay moral, ni ética, ni principios, ni personas que valgan. Y que así como hoy se valen de todos los medios para conseguir el poder, igual los justificarían para mantenerlo. Jamás permitirían algún tipo de oposición. ¿Y cuáles serían las próximas acciones a seguir? ¿Acaso llegarán a pensar que actúan equivocadamente? ¿Quién se atrevería a contradecirles? ¿Qué mandatarios -seguramente puestos por ellos mismos y desarmados- se atreverían a enfrentárseles? Lamentablemente estamos al borde del abismo. Por ello mis amigos les invito a reflexionar, de manera especial a todos los que aún puedan hacer algo para cambiar el rumbo que llevamos.

UN GRAN DESEQUILIBRIO

Mientras observamos a los Estados Unidos maltratado económicamente, y reducida cada vez más su área de influencia política y militar, por otro lado presenciamos el peligroso expansionismo económico y político de países como Rusia y China con regímenes totalitarios de izquierda, los más cerrados y represivos del mundo. Lo cínico del caso es que estos países prosperan gracias a multimillonarios préstamos, a la ayuda técnica, a multimillonarias inversiones, y al trato preferencial en el comercio que les ofrece este maltratado y benévolo país. Observar este gran desequilibrio es lo que nos lleva y motiva a reflexionar sobre los grandes riesgos que corre la humanidad de seguir este injusto trato que le dan muchos gobiernos a este país, y organismos como la ONU y OEA los cuales deben a él precisamente su existencia.

Entendemos por neutralismo, la postura política y económica que adoptan aquellos países que desean mantener una justa y equilibrada relación con antagónicas y muy distintas potencias de las cuales dependen de una forma u otra, y que, para poder defenderse de una se hace indispensable el apoyo de la otra. Esta es una verdad terminante: *Sólo se puede ser neutral e independiente mientras existan distintas potencias para poder equilibrarse, bien estando con todas, o no estando con ninguna.* Naturalmente que esta sería la posición más cómoda y ventajosa para cualquier país, tanto militarmente para no verse mezclado en conflictos ajenos, como económicamente, para tratar de sacar el mayor provecho de las partes. El gran problema es que ese equilibrio se pierde fácilmente, y en esto influyen los gobernantes de los países hoy considerados supuestamente independientes, por la orientación que le den a las relaciones exteriores, tanto políticas como económicas. Y al perderse este equilibrio, sigue un debilitamiento progresivo de una, empujado por el fortalecimiento de la otra que terminará, <u>cuando esa es la finalidad,</u> en el aniquilamiento de una sobre la otra. Al ocurrir esto, *irremediablemente se acaba el neutralismo y la independencia, y todos los países pasan a ser territorios de un solo imperio.*

Todos nuestros héroes de la independencia: Washington, Bolívar, Martí, Santander, lucharon para hacernos políticamente libres e independientes. Y si nuestros gobernantes quisieran que nuestros países sigan siendo libres e independientes, deberían entonces velar y actuar para mantener ese equilibrio. Sin embargo, como *esto es muy difícil, lo mejor es apartar el neutralismo y ponernos del lado de la potencia que nos brinde más confianza, donde se respeten más los derechos humanos, donde la gente esté más feliz con el sistema de gobierno, y con la cual simpaticen y se adapten mejor los seres humanos, como ciertamente lo es en libertad y en democracia. <u>Seguir neutral equivaldría a permitir el dominio de la potencia más tirana y esclavista, con consecuencias impredecibles.</u>*

EL DESARME

¿Es beneficioso un desarme nuclear "total"? ¿Podría este salvar al mundo de una guerra atómica? ¿Qué probabilidades hay de una guerra de este tipo?

El "desarme" podríamos considerarlo la más grande derrota para los países libres. Al desarmar a los Estados Unidos ya pueden someternos a todos más pronto y sin riesgo. Además, los países en manos de la izquierda nunca cumplen los pactos de desarme. Sólo desarman a los Estados Unidos.

Muchos podrían pensar en una tercera guerra mundial con todo el poderío militar y diabólicos armamentos. Pero esto es muy difícil que ocurra. Y la razón es de una lógica contundente: *el instinto de conservación,* a nadie le gusta morir ni matar a los suyos, y menos en esa forma.

Es muy fácil preparar a otros para que se suiciden y vuelen en pedazos. Pero es muy distinto prepararse y destruirse a si mismo junto a su país y su familia. Claramente hablando, nadie en su sano juicio se atrevería a iniciar una guerra nuclear porque sería un suicidio colectivo. Sin embargo, siempre habrá la posibilidad de que alguna de las potencias, al verse acorralada, prefiera acabarse con todos, antes que verse ante la humillación y la derrota. Y ese es el riesgo que desean eliminar con el desarme nuclear. Pero también puede ser la derrota más importante que sufran los países libres en esta injusta y camuflada guerra que hoy se libra. La tercera guerra podemos enterarnos quién la gana y quién la pierde al leer la prensa, escuchar la radio, o ver la televisión. Allí nos enteramos de los gobiernos que caen y de los que se inician cada día, si son de izquierda o de derecha. De los procesos electorales en los países "democráticos," quiénes van a gobernar, con qué ideas, y a favor de que bloque están: si colaboran con los países libres, o con el totalitarismo de izquierda. También podemos darnos cuenta con quién están parcializados la ONU o la OEA, así como los medios informativos: de cómo se colocan las noticias, de cómo se destacan unas, mientras se omiten y se esconden otras. También podemos observar cómo se están preparando los futuros profesionales en nuestras universidades "democráticas", si les están enseñando lo bueno de la libre empresa y el fracaso del marxismo, o si es todo lo contrario. Asimismo podemos observar los programas de opinión, y la parcialidad de los "analistas" que entrevistan, si están a favor de la izquierda o están con la derecha, si en los países de libre empresa están culturizando a la gente, o la están corrompiendo y desmoralizando. Y si somos buenos observadores nos daremos cuenta que esta Guerra la está ganando abrumadoramente la izquierda, porque controlan la mayoría de los medios de información y opinión. Y es debido a estos que cada vez hay más gobernantes de izquierda y menos de derecha, que los dictadores de izquierda son bienvenidos hasta en los países libres y democráticos, y en cambio los de derecha, si es que aún quedan, ya no los quieren recibir ni en los mismos países "democráticos".

Pero la más grande ventaja que tienen los países con regímenes de izquierda, es que éstos internamente no permiten ningún tipo de oposición: Todos los medios de información y opinión están en sus manos. Mientras que en los países democráticos de libre empresa, los izquierdistas aprovechan las bondades y libertades de este sistema para comprar o instalar nuevos medios de información y opinión,

Por otro lado, proporcionalmente a sus habitantes, los ejércitos más grandes los tienen los países controlados por la izquierda, en contraste con muchos países libres que ni cuentan con un ejército. *Dicho de otra manera, la izquierda no necesita de su fuerza nuclear para conquistar el planeta. Si logra desarmar a los Estados Unidos, habrá ganado la tercera guerra mundial.* En cambio, los Estados Unidos, sí podrían necesitar de su fuerza nuclear, (para disuadir) pues aún quedando completamente aislados y sin apoyo de otros países, serán siempre respetados mientras pelen sus dientes nucleares. Desafortunadamente, *sólo podemos ser libres e independientes, mientras lo sean los Estados Unidos. Si caen éstos, nosotros también. Por consiguiente, la mejor política que adopten los Estados Unidos para su defensa y en contra del acaparamiento del poder mundial, será también la mejor para todos los que deseamos vivir siempre con independencia y libertad. Será también la mejor para todos los que __no__ deseamos vivir perpetuamente sometidos.*

EL SOMETIMIENTO

De seguir las cosas como van, el poder mundial podría estar muy pronto en manos del totalitarismo de izquierda. Porque todos sabemos que su meta es dominar en todas partes, y para ello se fortalecen política y económicamente, gracias por un lado a la ingenuidad y buena fe de los norteamericanos y de otros demócratas del mundo libre, que los ayudan con grandes inversiones y tecnología. Y por otro lado por las debilidades de los países democráticos que permiten, como el Caballo de Troya, socavarles desde adentro, y para lo cual usan *los medios de información y opinión,* así como películas y reportajes para corromper la sociedad norteamericana. En efecto, vemos mil películas o reportajes y en todas vemos maldad, corrupción, perversidad, inmundicia y depravación sexual. Quieren hacernos creer que en Estados Unidos todos violan la ley, que toda pareja es infiel, que todos son anormales, y donde sólo abundan idiotas, ladrones, criminales, drogadictos, sucios, lesbianas y homosexuales. Y lo están logrando. Ellos nos corrompen. A todo esto se suma dentro de los mismos Estados Unidos y demás países del mundo libre, la ceguera o ingenuidad de periodistas, políticos e "intelectuales", bajados del Caballo de Troya, lo cuales hacen de tontos útiles al propugnar un "pacifismo" en *sentido único,* o sea que los países totalitarios de izquierda pueden agredir y tomar a sus vecinos, y ellos no protestan, pero en cambio cuando los agredidos se defienden o buscan ayuda de los Estados Unidos inmediatamente salen a protestar. Y estas protestas continuas hacen muchas veces que los Estados Unidos retire la ayuda a los agredidos, para entonces estos ser tomados por los marxistas e inclinar más la balanza a favor del totalitarismo de izquierda. Y de seguir esta tendencia (a menos que haya un enfrentamiento nuclear, poco probable) terminaría en el aniquilamiento de la democracia y la libertad. Y creemos que la única manera de evitarlo, *es dejar la indiferencia* y ponernos del lado de quienes respetan los derechos humanos, nos brindan más confianza, y donde la gente es más feliz con su sistema de gobierno, que sin lugar a dudas son los Estados Unidos de Norte América.

¿Y por qué otras razones debemos estar con los norteamericanos? Porque no obstante el remoquete de imperialistas que la propaganda de izquierda les asesta, *nunca han sido territorialmente expansionistas*. Lo probaron en la Segunda Guerra Mundial cuando eran los únicos que poseían el dominio de la bomba atómica, y donde perfectamente habrían podido dominar el mundo, e incluso acabar el comunismo. Tampoco se anexaron territorios, y ni siquiera se cobraron los costos de la guerra. Y mientras Rusia *hacía leña del árbol caído*, e imponía su sistema y su dominio a varios países de Europa, Estados Unidos implementaba el Plan Marshall para *ayudar* a todos los países arrasados por la guerra, incluyendo a sus rivales. También fundaron las Naciones Unidas y la OEA con el fin primordial de preservar la paz, y recabar fondos para ayudar a los países más necesitados. Lamentablemente la izquierda también se ha apropiado de estos organismos internacionales, los cuales están hoy en día completamente parcializados con los gobiernos de izquierda.

Ciertamente, desde la segunda guerra mundial los Estados Unidos han estado a la defensiva. Sin embargo, por las mismas presiones de los medios de izquierda, y de los *"pacifistas" y ambientalistas que solamente protestan en países capitalistas,* no pudieron evitar que cayeran muchos países, bajo el yugo totalitario de izquierda. Y nada tiene de extraño que muy pronto el poder mundial pudiera estar en manos del totalitarismo de izquierda. *Y entonces, ¿acaso podríamos impedir que nos sometan a todas sus ocurrencias? ¿Podría impedirlo acaso algún dirigente regional de los que hoy colaboran para globalizar este poder? ¿Y cuáles podrían ser algunas de sus acciones inmediatas?* Reflexionemos: Si los alemanes, inteligentes y civilizados, fueron en una dictadura capaces de acabar con casi todos los judíos, y los comunistas de asesinar a más de veinte millones de compatriotas, no obstante y tener el mundo en su contra, *¿qué no serán capaces de hacer si llegan a dominar el mundo, cuando ya no tengan oposición de ningún tipo? ¿Acaso les ha importado los medios para conseguir sus fines?*¿Y qué ocurrirá con nosotros los latinos? ¿Somos tan ingenuos para pensar que compartirán el poder con nosotros? ¿Cómo nos tratarán? ¿Nos tendrán consideración? ¿Y a quién podríamos acudir en busca de ayuda, sea para comer, o para que nos protejan de sus abusos? ¿Quién nos garantizará el mínimo respeto por los derechos humanos? ¿Acaso tienen moral y escrúpulos? ¿Acaso han probado lo contrario? Si son capaces de matar a sus propios camaradas que les han servido sus mejores años, y sin embargo, basta que piensen un poquito diferente, que dejen de ser robots, para acabar con ellos sin misericordia. Sobran los ejemplos. Entonces, si no existe para ellos religión, ni moral, si son completamente materialistas, *¿qué no serán capaces de hacer cuando tengan el poder absoluto sobre la tierra? ¿Acaso dejarán de hacer lo que ellos piensen sea "lo más conveniente"?* Por ejemplo: que decidan exterminar o castrar a los negros porque no les simpaticen. O a los indígenas. O a los judíos. O a los mulatos y mestizos por ser "impuros". O a los retrasados. O a los homosexuales. O a los calvos. O a los feos. O a los bonitos. O a los narizones. O a quien ellos se les antoje. *Estas son solo muestras de lo que realmente podría ocurrir, pero podrían pasar cosas peores, hoy difíciles de imaginar.* Ojala, pues, y todos los que en una u otra forma, colaboran para que esto sea una pronta realidad, reflexionen y ayuden al mundo a encaminarlo por el bloque de los países libres y democráticos. Que pasen a la historia como defensores de la independencia y libertad, y no como los Judas que nos entregaron a los nuevos amos. Por otro lado, ¿cómo podríamos salir de la pobreza a la cual nos llevan, si arruinan a Estados Unidos y a los empresarios que aún están en condiciones de invertir? ¿Acaso nuestros países no van a necesitar de inversionistas para sacarlos adelante como hoy lo hacen con China? ¿Cómo podríamos salir de la miseria y la escasez si arruinan a quienes pudieran ayudarnos, sea invirtiendo o comprando lo que producimos? ¿Por qué entonces en vez de perjudicarlos no cuidamos mejor la salud de estos países? O estamos con Dios, o con el Diablo. *No hacer nada sería dejarles tomar el poder mundial, y por lo tanto, <u>sería igual a dejarnos someter.</u>*

EL PARTIDO Y SU DESAPARICIÓN

Si el mundo todo llegara a ser sometido por los marxistas; al principio, al no existir otra alternativa, toda persona lógicamente querría pertenecer al partido. Todos querrían pertenecer a él como algo imprescindible para obtener un mejor trabajo, o un mejor empleo, o hasta un buen cargo burocrático. Y al pertenecer todos al partido, con el tiempo dejaría de ser un requisito para obtener un mejor trato o un mejor trabajo, porque de antemano se sabría que todos pertenecerían a él. Y al dejar de ser un requisito, naturalmente ya no haría falta. Y al no hacer falta, dejaría de existir.

Y después de quizás cuantos años probablemente volveríamos a lo mismo. Las personas más capaces, las más inteligentes, las más preocupadas y voluntariosas, serían sin duda quienes quedarían con los puestos de dirección más importantes. Precisamente las mismas que generalmente se superan en el sistema de libre empresa. Y probablemente estos darían más libertades, y volvería la propiedad privada y la libre empresa.

Mientras tanto se habrían perdido quizás cuantos siglos de progreso que no tendríamos la manera de visualizar. Sólo imaginar, así como hoy podemos conjeturar el atraso en que estaría el mundo si nos hubieran impuesto el comunismo a todos, por aquellos días cuando publicaron el Manifiesto. O como *hoy* podemos conjeturar el grado de progreso en que estaríamos, si los comunistas con todos sus intencionales males hubieran desaparecido desde entonces, y todos hubiésemos trabajado honestamente por la democracia, la paz, el progreso y el bienestar de todos los pueblos del mundo.

MENSAJE FINAL

Anhelamos que al terminar de leer este libro el lector tendrá una visión mucho más clara de la relación existente entre las medidas políticas y los efectos económicos que nos afectan a todos. De quiénes son los creadores de la mayoría de los males que en el mundo padecemos. De por qué es mejor el sistema de libre empresa. De por qué perjudican las regulaciones de precios, la inamovilidad laboral y los aumentos de salario por decreto. Deseamos que este libro contribuya a salir del angustioso camino que actualmente transitamos, a mejores gobiernos y a un mundo mejor. Y a que todos, de acuerdo a sus posibilidades, aporten su granito de arena para evitar el sometimiento total, y ayuden a establecer verdaderas democracias: *Donde los funcionarios públicos estén al servicio de los ciudadanos y no éstos al servicio de los funcionarios. Y donde todos puedan vivir sin el temor y las humillaciones que deben soportar aquellos que se encuentran sometidos.*

Adolfo García Méndez

ÍNDICE

Preámbulo.. 1

PRIMERA PARTE...................................... 2

Un poco de historia.................................... 3

¿Mentalmente libres?................................. 5

Dos sistemas: Descomunal diferencia............... 7

Los adversarios de la libre empresa................ 9

El mundo cambia continuamente.................... 12

Creadores de pobreza................................ 15

El gran enemigo....................................... 17

El falso pluralismo................................... 20

¿Cambiar Libertad y Suficiencia por
      Sometimiento e Ineficiencia?................... 23

¿Quiénes causan las crisis?.......................... 26

¿Por qué suben tanto los precios del petróleo?...... 30

Gobernantes impropios. ¿Quiénes son?............. 33

Y, ¿a quién le gusta vivir sometido.................. 35

¿Estan facultados los marxistas para el mal?........ 38

Los verdaderos criminales........................... 41

Y aún así progresa................................... 43

SEGUNDA PARTE.................................... 45

¿Es posible la "igualdad" material?................. 46

¿Se trabaja menos por tener más dinero?............ 50

El mito de la distribución de la riqueza............. 52

¿Es posible eliminar el capitalismo?................ 55

¿Dónde hay más pobres?............................. 57

¿Es posible eliminar toda pobreza?................. 59

¿Qué ocurre con las ganancias de los empresarios?... 60

La creatividad del hombre libre...................... 62

El consumismo....................................... 64

El trabajo remunerado................................ 66

La "plusvalía".. 68

Si es bueno para las empresas, mejor es
      para los empleados y trabajadores............. 70

Creación de riqueza a nivel macro.................. 73

Liberalismo y neoliberalismo........................ 76

¿Por qué aún hay países pobres?.................... 78

¿Dónde ocurre la actual explotación del hombre?... 81

Los actuales amos y esclavos........................ 84

¿El pueblo al poder?..86
¿Micro empresas en dictaduras marxistas?....................88
De la teoría a la práctica..91
Los beneficios sociales..95
¿Quiénes dirigen las invasiones de tierras y la
    construcción de ranchos?.......................................97
El propietario: un simple administrador......................100
La propiedad privada...102
¿De quién debemos copiar?......................................106
¿Dar "trabajo" por dar trabajo?................................108
¿Es conveniente la inamovilidad laboral?...................111
Daños de los monopolios y del proteccionismo.............114
Especulación o precios exagerados............................119
¿Benefician los aumentos de salario por decreto?......... 126
¿Pagar lo menos posible al trabajador?......................133
Empresarios, ¿deben ganar igual que los demás?.........135
¿Es insano el lujo?..136
Control de natalidad..138
Clases de dictadura...141
Los daños de las guerrillas.......................................145
Militares demócratas...148
La frágil democracia..150
¿Quiénes son los corruptos?.....................................153
Inseguridad. ¿De quién es la culpa?..........................156
Pena de muerte. ¿Quiénes la aplican?........................159
¿Quiénes son los culpables de nuestros males?............162
Cuando nos "explotaban" los norteamericanos.............164
TERCERA PARTE..168
Silenciosa III guerra...169
Las armas: Los poderosos medios de información..........172
Pero, ¿aún hay comunistas?......................................178
¿Por qué aun estas viejas y fracasadas teorías?...........181
Las nuevas dictaduras..186
Espejo de un tirano en Venezuela..............................191
Un gran desequilibrio...194
El desarme...196
El sometimiento..199
El partido y su desaparición................................ ...202
Mensaje final...203

Índice...204